KB177613

오십부터는
왜
논어와 **손자병법**을
함께 알아야 하는가

RONGO TO SONSHI

최고의
안一목
01

오십부터는
왜
논어와 **손자병법**을
함께 알아야 하는가

이 나이 먹도록 세상을 몰랐다는 걸 깨닫는 순간 100

모리야 히로시 지음 | 김양희 옮김

동양북스

왜 자꾸 후회하는가?
왜 매번 실수를 반복하는가?
왜 이토록 사람에게 상처받는가?
하나로는 부족했기 때문이다!

한 친구가 잘 다니던 회사를 그만두었습니다.

더 늦기 전에 예전부터 하고 싶었던 일을 하겠다며 어렵게 결심한 것입니다. 곧장 이직 시장에 뛰어들었고, 여러 회사에 면접을 보러 다녔습니다. 그러다가 한 면접관에게 '좋아하는 일'이 아니라 '잘하는 일'을 하라는 말을 들었습니다.

지금껏 그렇게 살다가 이제 겨우 용기를 냈는데…….

친구는 정말 속상해했습니다. 하지만 친구의 마음도 면접관의 말도 모두 틀리지 않아, 선뜻 위로의 말을 건넬 수 없었죠. 중년이 되어도 현실은 녹록하지 않고, 여전히 세상살이는 어렵습니다.

중년, 더 정확히는 오십에 하던 일을 그만두거나 아이들이 다 크고 나니 허무하고 상실감을 느낀다는 말을 종종 듣습니다. 한편으론, 중년이 되어서도 자기 자신을 알아야 한다며 자아 찾기에 열심히 나서는 이들도 많습니다.

역시 사람 사는 모습은 각양각색인데요. 그렇게 흔들리는 인생의 한가운데서 《논어論語》를 다시 만났습니다.

오십의 헛헛한 마음을 채워주는 책, 《논어》

배우고 익히니 이 또한 기쁘지 아니한가.

學而時習之 不亦說乎.
학이시습지 불역열호

중학생 때 선생님이 칠판에 크게 쓰신 구절입니다. 그 시절엔 중국 드라마나 홍콩 영화가 한창 인기를 끌었고, 공자의 말을 읊으시는 선생님의 모습이 왠지 드라마 속 주인공처럼 멋져 보였습니다.

선생님은 배움의 즐거움을 말하고 싶었겠지만, 당시엔 공부를 열심히 하라는 잔소리로만 들렸습니다. 공자는 열다섯에 학문에 뜻을 두었다는데, 이후로도 내게 그런 행운은 없었습니다. 세상에서 가장 하기 싫은 일이 공부였죠.

그런데 학교를 졸업하고, 정말 내가 좋아하는 것을 공부하게 되자 그제야 공부의 즐거움을 알게 되었습니다. 스스로 찾아 배우면서 설레는 감정까지 느꼈습니다. 그렇게 인생 후반전까지 배움의 열기가 이어졌습니다.

나이가 들면 당연히 자기 자신쯤은 잘 파악하고 있을 거라고 생각합니다. 하지만, 막상 불혹을 넘기고 지천명이 다가오는데 나 자신이 어떤 사람인지 제대로 설명하기 어렵고, 내 마음을 잘 모를 때도 많습니다. 주위를 둘러봐도 상황은 다르지 않은데요. 배움은 자기와 마주하고 자기 자신을 알아가는 데 분명 도움이 되었습니다.

그리고, 꼭 《손자병법》과 함께 읽어보시라!

상대를 알고 나를 알면 백 번 싸워도 위태롭지 않다.

知彼知己 百戰不殆.

지피지기 백전불태

《손자병법孫子兵法》에 나오는 유명한 말입니다.

예전에는 '지피지기면 백전백승'이라고 해서 '상대를 알고 나를 알면 백 번 싸워도 백 번 이긴다'라고 알고 있었습니다. 하지만, 원문을 보니 '백 번 이긴다'가 아니라 '위태롭지 않다'라고 합니다.

아무리 상대와 나를 안다고 해도 전승할 수 있다는 말보다 위태롭지 않다는 말이 더 현실적으로 느껴집니다. 호기심 반 진심 반으로 다양한 성격 테스트에 기대어봐도 진정으로 자기를 파악하기란 쉽지 않을 테니, 이기는 것까진 힘들고 그저 위태롭지 않은 걸로 만족해야 할 것 같습니다.

어느덧 오늘을 살고, 내일도 준비해야 하는 나이에 접어들었습니다. 인생을 되돌아보며 무엇을 했는지도 중요하지만, 진짜 무엇을 하고 싶었는지, 제대로 가고 있는지 나 스스로 물어봅니다.

"왜 자꾸 후회하는가? 왜 매번 실수를 반복하는가?"

인생의 한가운데서 만난 이 책《오십부터는 왜 논어와 손자병법을 함께 알아야 하는가》는 방황하고, 다잡고, 또 방황하던 나에게 특별한 울림을 주었습니다.

91살의 저자는 동양 고전해설의 일인자로서 인생의 선배로서 흔들리는 나를 다잡아주는 멘토입니다. 오십에 읽으면 좋은 동양 고전을 현대 상황에 맞게 쉽고 재미있게 풀어냈습니다. 덕분에 읽을 때 재미가 쏠쏠합니다.

특히, 포인트는《논어》와《손자병법》을 함께 읽을 수 있게 한 권에 엮었다는 점입니다. 여기서 또 다른 즐거움을 발견합니다.

《논어》는 덕을 기르라는 책인 줄 알았는데, 능력을 기르고 둥글게 살라고 하고.《손자병법》은 싸워서 이기라는 책인 줄 알았는데, 되도록 싸우지 말고 머리를 쓰라고 합니다.

완전히 다른 분야의 책이지만 두 책을 나란히 놓고 보니 한 가지 공통점을 깨닫게 됩니다.

바로 '인간애'를 말하고 있으며, 정말 중요한 건 이기고 지는 문제가 아니라 배려하며 더불어 살아야 한다는 것이죠. 두 책을 함께 읽지 않고서는 절대로 이해할 수 없는 말입니다. 그래서, 오십부터는《논어》와《손자병법》을 함께 알아야 합니다.

나이가 들어도, 인간관계는 여전히 어렵습니다. 나만 일이 안 풀리는 것 같고, 매번 인생이 흔들리는 순간이 찾아오죠.

그때 이 책을 펼쳐보세요. 수천 년 전의 공자와 손자의 말을 지금도 공감할 수 있다는 사실에 감탄하면서 선인들의 지혜를 배우는 기쁨을 느낄 수 있을 것입니다. 여전히 흔들리고 하늘의 뜻을 깨닫지는 못해도, 삶의 지혜와 인생의 즐거움을 꼭 찾으시길 바랍니다.

인생의 한가운데, 그리고 이 가을에
옮긴이 김양희

《논어》와《손자병법》을
반드시 함께 읽어야 할 이유

제가 살아온 날이 햇수로 구십이 넘었습니다. 그 세월 동안 오로지 동양 고전을 연구하는 일을 해왔지요. 그리고 이제 나이가 나이인 만큼 인생의 매듭을 지어야 할 때가 온 걸 느낍니다.

그래서 내 인생에서 가장 중요했던 시기가 언제인지 생각해보았습니다. 인생의 전반전을 지나, 오십이 되었을 때 몸도 마음도 많이 달라져서 앞으로 인생 후반전을 결정하는 중요한 시기라는 직감이 들더군요.

오십에 많이 고민하고, 흔들리던 나는 운이 좋은 편이었습니다. 당시의 고민과 불안을 견딜 힘을 '동양 고전'에서 찾았거든요. 그게 이 책을 쓴 이유입니다.

동양 고전이라고 하면 바로 머리에 떠오르는 것이 《논어論語》와 《손자병법孫子兵法》입니다. 읽지 않은 사람이라도 책 이름은 알고 있을 겁니다. 그만큼 유명하고, 살면서 한 번쯤은 꼭 읽어봐야 할 책입니다.

우선 《논어》는 간단히 말해, 공자(孔子)라는 인물의 언행록입니다. 제자들과 논하고 가르침을 주었던 말들을 후대에 기록한 글입니다.

이렇게 말하면 '뭐야, 잘난 사람 설교잖아'라고 생각할지도 모릅니다. 솔직히 말하자면 나도 처음에는 그렇게 생각했습니다. 하지만 우연한 기회에 필요해서 제대로 읽어 보니 웬걸, 공자는 인생에 우여곡절이 많았던 사람이었다는 것에 놀랐습니다. 훌륭한 사람이 틀림없으나 그 가운데서도 인생의 단맛 쓴맛을 다 겪어 인간에 대한 이해가 깊은 보기 드문 사람이었습니다.

그래서 《논어》라는 고전은 현대식으로 말하면 인간학의 보물 창고입니다. 진짜 어른으로 성장하려면 무엇을 배워야 할지, 불안과 고민을 어떻게 해결해야 할지 등 다양한 문제를 다루고 있습니다. '제대로' 읽으면 '반드시' 얻는 것이 있을 것입니다.

그리고,《손자병법》은《논어》와 비슷한 시기에 손무(孫武, 손자)라는 뛰어난 장수가 정리한 병법서입니다. 지금도 각국의 언어로 번역되어 전 세계에서 읽히고 있습니다.

군사 전문가뿐만 아니라, 소프트뱅크의 손정의나 마이크로소프트의 빌 게이츠 같은 경영자도 즐겨 읽는다고 합니다. 분야를 막론하고 두루두루 많이 적용되는 기술이라는 말이지요.

그런데, 오십부터는 왜《논어》와《손자병법》을 함께 알아야 할까요?

인생의 한가운데서 불안한 사람은 방황 끝에 고전을 펼쳐듭니다. 그중《논어》와《손자병법》이 으뜸인데, 이 둘은 서로 대립한다고 생각하기 쉽습니다. 하지만 공통점이 있으니, 사람에 대한 깊은 이해를 바탕으로 한다는 점입니다.

하나만 통달하면 치우치기 쉽고, 이 둘을 모두 아는 사람만이 원하는 걸 얻을 수 있습니다.

그것이 사람이든, 행복이든, 돈이든, 명예든, 삶의 의미든.

이 책에는, 공자의 50가지 지혜와 손자의 50가지 전략을 엄선해서 담았습니다.

인생이 흔들리고 있다면, 오십 전후로 인생관이 바뀌고 있다면 《논어》와 《손자병법》을 반드시 함께 읽어야 합니다. 그래야 안목을 높여 사람을 얻고 후회 없이 살 수 있습니다.

두 고전이 당신 인생의 길잡이가 되길 간절히 바랍니다.

1부 │ 헛헛한 마음을 채워주는 《논어》

이 나이 먹도록 세상을 몰랐다!
사람을 얻어야 인생이 바뀐다는 걸

1강   오십의 불안

어찌 사람 속을 알겠는가?

내가 하기 싫은 일은 남도 시키지 않는다

2부 | 인생이 든든해지는 전략 《손자병법》

성공하려고 달려왔는데…
무엇이 진정 잘 사는 것이냐

3강   오십의 분발

>>>

적을 알고 나를 알면 절대 지지 않는다

4강 **오십의 태도**

정면 돌파가 어렵다면 허를 찔러라

論語

이 나이 먹도록
세상을 몰랐다!

사람을 얻어야
인생이 바뀐다는 걸

1부

헛헛한 마음을
채워주는
《논어》

**《논어》와 손자의 전략을
'함께' 읽는다면 비범해질 것이다**

1강

오십의 불안

어찌 사람 속을 알겠는가?

새로운 것을 배운다는 기쁨을 누리다

공자께서 말씀하셨다.

"배우고 때때로 익히면 기쁘지 아니한가? 벗이 있어 먼 곳에서 찾아온다면 즐겁지 않은가? 남이 나를 알아주지 않아도 성내지 않으니 이 또한 군자가 아니겠는가?"

子曰, "學而時習之, 不亦說乎? 有朋自遠方來, 不亦樂乎?
人不知而不慍, 不亦君子乎?"
자왈 학이시습지 불역열호 유붕자원방래 불역락호
인부지이불온 불역군자호

·························· **학이편(學而篇)** ··························

《논어》의 첫머리에 나오는 말이다. 분명 공자가 실제로 느낀 솔직한 마음이었을 것이다.

공자는 배우는 기쁨에 대해서 말하고 있다. 공자와 그 제자들은 과연 무엇을 배웠을까? 바로 예(禮)와 악(樂)이다. 궁중의 의식에도 민간의 관혼상제에도 예와 악이 따라다니게 마련인데, 그들은 전문가였다. 공자와 그 제자들에게 예와 악은 생계를 꾸리는 수단이었기에 배울 때도 한층 열성적으로 임했을 것이다. 화기애애한 분위기 속에서도 그 열기가 전해지는 것 같다.

다음으로 벗을 맞이하는 즐거움을 이야기한다. 먼 거리를 오고 가기가 힘들었던 당시 상황을 생각해보면, 먼 곳의 벗을 만난다는 기쁨이 얼마나 클지 짐작할 수 있을 것이다. 교통이 발달한 현대에는 이런 즐거움이 사라져서, 조금 쓸쓸한 느낌이 들기도 한다.

마지막은 군자의 조건을 말하고 있다. 남에게 인정받지 못한다고 한탄할 시간이 있거든 먼저 자신을 갈고닦으라는 의미다.

무엇을 갈고닦으면 좋을까? 바로 덕(德)과 능력이다. 이 두 가지는 자동차의 좌우 바퀴와 같아서 어느 한쪽이 없으면 잘 굴러가지 않는다.

> 배운 것을 기회가 있을 때마다 익힌다면, 참으로 기쁜 일이다.

거짓과 진실을 가려 사람을 보는 안목

공자께서 말씀하셨다.

"교묘한 말을 하고 얼굴빛을 꾸미는 사람 가운데 어진 이가 드물다."

子曰, "巧言令色, 鮮矣仁."

자왈 교언영색 선의인

·························· **학이편(學而篇)** ··························

공자는 군자의 조건으로 덕과 능력을 꼽았다. 그리고 이 두 가지는 자동차의 좌우 바퀴와 같다고 했다.

과연, 덕은 무엇일까?

인격이나 인품에 관련된 것이라고 쉽게 짐작은 간다. 하지만 설명을 하려니 생각보다 어렵다. 그 이유는 덕이란 단순하지 않고 여러 요소로 구성되기 때문이다.

수많은 덕 중에 공자가 가장 중요시한 것은 '인(仁)'이다. 다만 공자 자신이 인(仁)이란 어떤 것인지 정의를 내리지는 않았다. 제자들의 질문에 따라 다양한 대답을 내놓았을 뿐이다.

예를 들어, 번지(樊遲)라는 제자가 "인은 어떤 것인가요?" 하고 묻자, 공자는 "사람을 사랑하는 것이지"라고 대답했다. 그리고, 중궁(仲弓)이라는 제자에게는 "자기가 원하지 않는 일은 남에게도 시키지 마라. 이것이 인이다"라고 대답했다.

상대의 수준이나 상황에 맞춰 분명히 다르게 설명한 것이다.

생각해보면, 인(仁)이란 '우리 서로가 같은 인간'이라는 유대감을 바탕으로 성립하는 인간애 같은 것이 아닐까 싶다. 그 예로 배려라든가 온정을 생각하면 이해하기 쉬울 것이다.

인(仁)에 대한 이해를 돕기 위해 이와는 반대되는 이야기도 한 구절 살펴보자.

공자께서 말씀하셨다.

"굳세고 꿋꿋하며 순수하고 어눌함은 인에 가깝다."

子曰, "剛毅木訥 , 近仁."

자 왈 강 의 목 눌 근 인

···················· **자로편(子路篇)** ····················

한결같이 의지가 굳고 꾸밈이 없다는 의미다. 공자는 이것도 인
(仁)에 가깝다고 했다.

> 말을 번지르르하게 하고 부드러운 낯빛으로 상대에게
> 아첨하는 것은 인(仁)과 거리가 멀다.

사람을 얻는 자, 군자의 조건은 무엇인가?

공자께서 말씀하셨다.

"군자는 진중하지 않으면 위엄이 없고, 배우더라도 견고하지
못하다. 충심과 믿음을 중시하고 자기보다 못한 자를 벗으로
삼지 말며, 잘못하면 즉시 고치기를 주저하지 말아야 한다."

子曰, "君子不重則不威, 學則不固. 主忠信,

無友不如己者, 過則勿憚改."

자왈 군자부중즉불위 학즉불고 주충신
무우불여기자 과즉물탄개

·················· **학이편(學而篇)** ··················

공자가 목표로 삼은 가장 이상적인 인간상은 '군자'였다.

공자 자신이 군자를 목표로 삼았을 뿐만 아니라, 삼천 명이나

되는 제자들에게 철저히 가르친 것 또한 군자였다. 공자 학당은 군자 양성의 장이었다고 해도 과언이 아니다.

공자가 목표로 한 군자의 다섯 가지 자세는 무엇일까?

첫째, 항상 침착하게 대비하고 웬만한 일에는 흔들리지 않는다. 그렇지 않으면 아랫사람을 통솔할 수 없다.

둘째, 자기 경험에만 의지하면 아무래도 시야가 좁아진다. 그 결과 독불장군이 되어 독선에 빠지고 진보도 발전도 기대할 수 없다. 그렇게 되지 않으려면 선인의 지혜를 배워야 한다.

셋째, 인간으로서 신뢰를 높이려면 성실해야 한다.

넷째, 자신보다 뛰어난 사람과 사귀면 어느새 상대에게 감화되어 자신도 발전할 수 있다.

다섯째, 누구나 실패와 실수를 한다. 그것을 고칠 수 있느냐 없느냐에 따라 앞으로의 인생이 크게 달라진다.

군자는 항상 침착하게 대비하고 쉽게 흔들리지 않는다.

인생의 반환점에서 깨닫게 되는 것들

공자께서 말씀하셨다.

"사십에는 미혹되지 않았고 오십에는 천명을 알았다."

子曰, "四十而不惑, 五十而知天命."

자왈 사십이불혹 오십이지천명

·········· **위정편(爲政篇)** ··········

공자는 일흔셋의 나이에 세상을 떠났다. 현대의 평균 수명과 비교해도 적지 않은 나이였다. 여기서 다룬 구절은 그런 공자가 자신의 인생을 되돌아보며 한 말이다.

요즘의 마흔은 어떠한가? 한곳에서 오래 직장을 다니는 사람보다 이직하는 사람이 많은 것 같다. 물론 이직도 이직 나름이다. 자기만의 인생 설계가 있어서 이직했다면 괜찮다. 하지만 인생 설계도 없이 단지 여기저기 기웃기웃해서는 안 된다. 마흔이 되었다면 이제 이런 삶에서 벗어나야 한다.

사실은 나도 비슷한 경험이 있다. 삼십에는 생계를 이어 가기 위해 고생을 많이 했다. 겨우 지금 하는 일로 먹고살 수 있겠다는 생각이 든 것은 마흔 무렵이다. 그 후에는 이 길로 곧장 달려왔다.

또 한 가지 '오십에는 천명을 알았다'라는 대목에서 천명이란 하늘의 뜻이다. 인생에는 하늘의 뜻이 따라다닌다고 한다.

천명을 깨닫는다는 말은 어떤 의미일까?

두 가지 방향으로 생각해볼 수 있다. 하나는 사명감으로 이어지는 적극적인 방향이고, 다른 하나는 운명론으로 흘러가는 소극적인 방향이다.

공자의 경우는 어땠을까? 자기 능력의 한계를 깨달으면서도 할 수 있는 일은 최선을 다하자고 스스로 격려하지 않았을까? 이러한 적극적인 방향은 구십 넘은 내게도 여전히 과제로 남아 있다.

> 마흔이 되면 자신이 나아갈 방향에 확신이 서게 된다.
> 오십이 되면 천명을 깨닫기에 이른다.

어찌 사람 속을 알까? 공자가 사람을 보는 눈

공자께서 말씀하셨다.

"그 행하는 바를 보고 그 이유를 살피며 그가 편안히 여기는 것을 관찰하면 어찌 자신을 숨길 수 있겠는가, 어찌 자신을 숨길 수 있겠는가."

子曰, "視其所以, 觀其所由, 察其所安, 人焉廋哉, 人焉廋哉."

자왈 시기소이 관기소유 찰기소안 인언수재 인언수재

······························· **위정편(爲政篇)** ·······························

공자의 인간관은 굳이 말하자면 성선설에 기반을 두고 있다. 하지만 그런 공자조차도 아무 조건 없이 사람을 신뢰하라고 말하지 않는다. 과연 인생의 우여곡절을 겪은 사람답다.

일반적으로 상대의 속내까지 파악하려고 할 때, 먼저 눈에 들어

오는 것은 평소의 태도나 행동이다. 하지만, 공자의 이 말을 유념하고 상대를 보면 팔십 퍼센트 정도는 놓치는 것이 없을 것이다.

또한, 공자는 그것만으로는 충분하지 않으니 더 나아가 행동을 뒷받침하는 동기나 목적까지 확인하고 상대를 보라고 말했다. 그만큼 사람을 판단할 때는 신중하라는 말이다.

왜 그렇게까지 경계해야 할까? 전혀 관계없는 타인이라면 아무래도 상관없다. 문제는 생활이나 일과 관련이 있는 상대다. 그런 상대가 문제를 일으켰을 때 이쪽까지 휘말릴 우려가 있다. 실제로 종종 그런 이야기를 듣지 않는가.

이런 일을 피하려면 어떻게 하면 좋을까? 공자가 말한 것처럼 사람 보는 눈, 안목을 키워야 한다. 두 가지만 명심하자.

첫째, 고전 속 공자의 말은 물론 선인들의 지혜에서 배워야 한다.

둘째, 배운 것을 실행하고 경험을 쌓으면서 연마해야 한다.

어떤 상대라도 자신의 본성을 끝까지 숨길 수는 없다.

해결책을 찾을 땐 과거를 돌아보라

공자께서 말씀하셨다.

"옛것을 익히고 새로운 것을 안다면 스승이 될 수 있다."

子曰, "溫故而知新, 可以爲師矣."

자왈 온고이지신 가이위사의

···················· **위정편(爲政篇)** ····················

사자성어로 하면 '온고지신(溫故知新)'이다.

현대를 꿋꿋하게 살아갈 지혜를 갖추고 싶다면 선인들의 노고에서 배워야 한다는 의미다.

공자는 이천 수백 년 전의 옛날 사람이다. 그런 사람이 이런 말을 한 건, 원래 중국인이 역사 기록을 남기는 일에 상당한 집념을 불태워온 사람들이기 때문이다. 공자 역시 그런 문화 속에서 태어나고 자란 사람이다. 분명히 역사 감각도 잘 갈고닦았을 것이다.

그런데 현대는 어떠한가? 변화무쌍한 시대다. 그래서인지 앞을 내다보기 어렵다며 푸념하는 사람도 많다. 예측하기 어려운 시대일지 모르지만 역사는 분명 반복된다. 마음만 먹으면 실마리가 없는 것도 아니다. 유력한 단서 가운데 하나가 바로 과거의 모습이다.

나는 역사에 관해 쓸쓸한 기억이 있다. 고등학생 때 역사 수업이 무미건조하고 전혀 재미가 없었다. 그래서 역사에 흥미를 잃고 공부를 게을리했다. 그 바람에 최소한의 역사 지식을 쌓기까지 몇 년 동안 고생했다.

역사라고 해도 정치가 어떻고, 제도가 어떻고 하는 이야기는 별로 재미가 없다. 재미있는 것은 역사 속 인물이다. 관심을 끄는 인물과 만나는 것이 역사를 배우는 묘미가 될 수 있다.

역사에서 배우면
현재 상황에 대해 깊이 있는 통찰력이 생긴다.

사람을 만나면 어떤 태도로 대해야 하는가?

공자께서 말씀하셨다.

"군자는 두루 사귀고 편을 가르지 않지만, 소인은 편을 가르고
두루 사귀지 않는다."

子曰, "君子周而不比, 小人比而不周."

자왈 군자주이불비, 소인비이불주

································· **위정편(爲政篇)** ·································

《논어》에는 '군자'라는 말이 자주 나온다. 군자의 반대는 '소인'
으로 이 또한 자주 등장한다. 둘의 차이점은 덕이다.

군자란 덕이 있는 사람이고, 소인은 덕이 없는 사람이다.

그런 군자와 소인은 사람을 사귀는 방식까지 다르다.

소인은 끈끈하게 붙어 다니지만, 군자는 담백하고 산뜻하다. 어

느 쪽이 오래 갈지는 말할 필요도 없다.

이 구절과 함께 떠오르는 것이《장자莊子》의 다음 구절이다.

군자의 사귐은 물처럼 담백하지만, 소인의 사귐은 단술처럼
달콤하다.

君子之交淡若水, 小人之交甘若醴.
군자지교담약수 소인지교감약례

산목편(山木篇)

군자의 사귐은 물처럼 담담하지만, 소인의 사귐은 예(醴), 즉 단
술처럼 끈적끈적하다는 뜻이다.

하기야 찰싹 달라붙어 있으면 금세 질리고 오래 가지 못한다.
인간관계에서 어려운 것이 거리 조절이다. 멀지도 가깝지도 않게
산뜻하게 사귀는 것이 인간관계의 요령이다.

군자는 누구든지 차별하지 않고 사귀지만 아첨하지 않는다.

위태롭다면 독서와 사색을 게을리하지 마라

공자께서 말씀하셨다.

"배우기만 하고 생각하지 않으면 어둡고, 생각만 하고 배우지 않으면 위태롭다."

子曰, "學而不思則罔, 思而不學則殆."

자왈 학이불사즉망 사이불학즉태

···················· **위정편(爲政篇)** ····················

독서와 사색, 이 두 가지의 양립을 목표로 삼아야 한다는 의미다. 먼저 독서에 대해 살펴보자. 어떤 책을 읽으라는 것일까?

공자가 염두에 둔 것은 바로 중국 고전이다.

중국 고전을 읽으면 어떤 점이 좋을까?

네 가지 장점을 꼽을 수 있다.

첫째, 인간 형성의 범주로서 인간이 갖춰야 할 종합적인 능력을 갈고닦을 수 있다.

둘째, 냉혹한 현실에서 살아남는 지혜를 배울 수 있다.

셋째, 성가신 인간관계에 대처하는 지혜를 얻을 수 있다.

넷째, 리더로서의 마음가짐을 배울 수 있다.

최근에는 독서 인구가 많이 줄었다고 한다. 중국 고전도 예외가 아닌 듯해서 매우 안타깝다. 물론 책을 읽지 않아도 살아가는 데는 아무 문제가 없다. 하지만, 책을 읽지 않으면 그 사람의 깊이가 얕아질 수밖에 없다.

모처럼 배운 지식도 그저 머릿속을 스쳐 지나간다면 내 것이 되지 않는다. 자기 머리로 곰곰이 생각해서 이해한 것은 실천에 옮기자. 거기까지 해야 배운 보람이 있다고 할 수 있지 않겠는가.

독서에만 빠져서 사색을 게을리하면 모처럼의 지식이 자기 것이 되지 않는다. 반대로 사색에만 빠져서 독서를 게을리하면 독선에 빠지고 만다.

어떤 부탁도 가볍게 들어주면 안 된다

공자께서 말씀하셨다.

"사람이 신의가 없으면 그것이 옳은 것인지 알 수 없다. 큰 수레에 멍에가 없고, 작은 수레에 끌채가 없으면 어떻게 갈 수 있겠는가?"

子曰, "人而無信, 不知其可也. 大車無輗, 小車無軏, 其何以行之哉?"

자왈 인이무신 부지기가야 대거무예 소거무월 기하이행지 재

·························· 위정편(爲政篇) ··························

신(信)이란 거짓말을 하지 않고 약속한 일은 반드시 지킨다는 의미다. 신(信)은 인간의 조건이다. 이것이 없으면 인간 실격이라는 말을 들어도 할 수 없다.

우리가 신뢰를 저버려서 실패하는 것은 일을 경솔하게 떠맡아서다. 마음 약한 사람일수록 이런 실패가 많다.

《노자老子》라는 고전에는 경낙과신(輕諾寡信), 즉 '가볍게 승낙하면 미덥지 않다'라는 의미의 명언이 있다. 경낙이란 가볍게 승낙한다는 것이다. 여기에는 두 가지 큰 단점이 있다.

첫째, 스스로 자기 자신을 괴롭게 한다.

그 자리의 분위기나 일시적인 감정에 휩쓸려 자기 힘에 부치는 일을 경솔하게 떠안아 난처한 상황에 빠지게 되고, 결국 자기 자신을 괴롭힌다.

둘째, 가볍게 승낙하면 약속을 지키지 못하는 경우가 많다.

단 한 마디의 가벼운 승낙 때문에 그런 결과를 맞이한다면 이것만큼 억울한 일이 또 어디 있겠는가!

> 소달구지든 마차든 멍에가 없으면 수레를 끌 수 없다.
> 인간에게 신(信)이란 수레의 멍에에 해당하는 것이다.

이익을 취할 때도 기준이 있다

공자께서 말씀하셨다.

"이익을 좇아 행동하면 원망이 많아진다."

子曰, "放於利而行, 多怨."

자왈 방어리이행 다원

혹여나 오해할 수도 있지만, 공자도 이익을 추구하는 일에 대해 아예 부정하지는 않았다. 그렇다고 무조건 긍정한 것도 아니다. 그런 의미를 담고 있는 것이 바로 이 구절이다.

공자는 다음과 같은 말도 남겼다.

이익을 보면 먼저 의로움을 생각한다.

見利思義.

견 리 사 의

이익을 추구할 때는 의(義)를 벗어나지 않아야 한다는 뜻이다. 의(義)는 사람으로서 당연히 지켜야 할 옳은 길이다. 이를 벗어난다고 법의 처벌을 받지는 않겠지만 주위 사람들에게 비난을 받는다.

예를 들면, 남을 울리거나 짓밟아 이익을 얻는 방법은 분명히 의(義), 다시 말해 인간의 도리에 어긋난다. 그런 일을 하면 잠깐은 좋을지 몰라도 오래 가지 못한다.

자신이 크게 이득을 보면서도 주변 사람들이 기뻐하고 고마워하도록 한다. 이런 식의 이익 추구를 하자는 의미다.

> **단지 이익만을 추구하면 남의 원망을 사는 일이 많다.**

지금 불안할수록 믿을 건 실력뿐이다

공자께서 말씀하셨다.

"지위가 없음을 걱정하지 말고, 그곳에 설 수 있는 능력을 걱정해야 한다. 또한, 자기를 알아주는 이가 없다고 근심하지 말고, 알아줄 만한 사람이 되기를 추구해야 한다."

子曰, "不患無位, 患所以立, 不患莫己知, 求爲可知也."

자왈 불환무위 환소이립 불환막기지 구위가지야

이인편(里仁篇)

공자는 젊은 시절부터 제자를 받아 가르쳤다. 명성이 높아질수록 제자도 늘어나 삼천 명에 이르렀다고 한다.

공자는 나이가 들면서 젊은이들의 교육에 더욱 열정을 쏟았다. 그런 공자가 제자들에게 가장 바란 점은 의욕을 가지라는 것이었다. 의욕이 없는 사람은 속수무책이라면서 학문에 힘쓰라고 제자들을 북돋웠다.

여기서 다룬 구절도 그런 내용을 담고 있다. 이런 충고는 공자 자신이 마음에 새기고 실천한 일이기도 하다. 그러니 제자들도 고분고분하게 귀를 기울이지 않았겠는가.

그렇다면 나 자신은 어떨까? 지금에 와서 돌이켜보면, 먹고 살기 위해 오랫동안 아르바이트를 하며 정신없이 살았다. 운이 없었다고도 할 수 있다. 애를 태우며 초조해하기도 했지만, 신세를 한탄하며 괴로워하지는 않았다.

자기 인생은 스스로 개척해 나갈 수밖에 없다. 무엇이든 좋으니 자기 나름의 과제를 찾아 도전해보자. 그렇지 않으면 아무것도 보이지 않는다.

훗날 뒤돌아봤을 때 '내 나름대로 열심히 잘 헤쳐왔다, 후회는 없다'라고 생각할 수 있는 인생을 만들어야 한다.

남에게 인정받지 못해 괴로워할 필요는 없다.
그보다 인정받을 수 있도록 능력을 키우는 것이 먼저다.

말만 번드르르하게 하지 말고, 행동을 기민하게

공자께서 말씀하셨다.

"군자는 말은 어눌하나 행동은 민첩하게 해야 한다."

子曰, "君子欲訥於言而敏於行."

자왈 군자욕눌어언이민어행

·························· **이인편(里仁篇)** ··························

공자의 이 같은 충고는 '눌언민행(訥言敏行)'이라는 사자성어로 알려져 있다. 군자라면 이렇게 해야 한다는 말이다.

원래 이 말은 중국인들을 위한 것이다. 중국인은 언변이 좋고 자기주장이 강한 편이지만, 실천이 따르지 못할 때도 있다. 그래서 공자가 이런 충고를 한 것 아니겠는가.

말보다 실천이 중요하다고는 하지만 과묵한 것이 때로는 문제가 될 수 있다. 국내에서만 활동한다면 아무 거리낌이 없겠지만, 한 발짝 밖으로 나가면 그곳은 완전히 다른 문화가 지배하는 세상이다. 이때는 과묵함이 좋다고 생각하는 문화가 통하지 않는다.

아무 말이나 주절대라는 이야기가 아니다. 어눌해도 괜찮다. 중요한 것은 하고 싶은 말을 당당하고 조리 있게 주장할 수 있어야 한다.

말주변이 없는 내가 이렇게 이야기하면 주제넘지만, 오히려 어눌해서 더 설득력이 있을지도 모른다. 말이 어눌하다고 부끄러워하지 말자. 서툰 말솜씨라도 민첩한 행동으로 연결할 수 있다면 전혀 문제가 되지 않는다.

군자는 능숙한 말솜씨가 필요 없다.
행동을 기민하게 해야 한다.

삶이 외로울수록 덕을 갖춰야 한다

공자께서 말씀하셨다.

"덕이 있는 사람은 외롭지 않으며 반드시 이웃이 있다."

子曰, "德不孤, 必有隣."

자왈 덕불고 필유린

························ **이인편(里仁篇)** ························

덕의 장점을 이야기한 것으로, 공자의 신념이라고 할 수 있다.
공자가 중요하게 여긴 덕에 대해 자세하게 살펴보자.

• 인(仁)

인이란 우리가 같은 인간이라는 깊은 유대감을 바탕으로 성립
하는 인간애다. 따뜻한 배려나 온정을 통해 느낄 수 있다.

공자는 인간애를 정치의 장에까지 미치게 하려고 했다.

• 의(義)

의는 인간으로서 당연히 가야 하는 올바른 길이다. 종종 이(利)
와 대응하는 의미로도 등장한다. 앞서 소개한 헌문편(憲問篇)의
'이익을 보면 먼저 의로움을 생각한다'라는 의미의 견리사의(見
利思義)를 예로 들 수 있다.

• 지(知)

지는 단순한 지식이 아니다. 굳이 말하자면 사람을 읽고 상황을
읽는 통찰력을 가리킨다. 혹은 명확한 판단을 내릴 수 있는 지성
이라고 해도 좋다. 지가 없으면 도중에 실패하는 일이 많다.

• 신(信)

신은 거짓말을 하지 않고 약속한 일을 반드시 지킨다는 의미다.
공자의 말에 따르면 신이 없으면 사회인으로서 실격이라고 한다.

• 용(勇)

용은 용기를 말한다. 도전 정신이라고 해도 좋다. 하지만 예(禮)

와 의(義)로 제동을 걸지 않으면 단지 폭력일 뿐이라고 지적했다.

이처럼 인, 의, 지, 신, 용을 함께 갖춰야만 군자라고 할 수 있다.
군자를 목표로 삼는 일이 쉽지 않음을 새삼 느낀다.

덕이 있는 사람은 외롭지 않다.
반드시 따르는 사람이 생긴다.

오십부터는 어떤 사람이 되어야 할까?

공자께서 말씀하셨다.

"노인을 편안케 하고 벗들이 나를 믿게 하며 젊은이가 나를 따르게 하고 싶다."

子曰, "老者安之, 朋友信之, 少者懷之."

자왈 노자안지 붕우신지 소자회지

·····················**공야장편(公冶長篇)**·····················

공자가 두 명의 애제자인 자로(子路), 안회(顏回)와 이야기를 나누고 있었다. 이때 '선생님께서는 어떤 인물을 지향하십니까?'라고 묻자 공자가 한 대답이다. 공자가 살던 시대는 현대와 달리 인간관계가 아주 가까웠다는 것을 알 수 있다. 그러니 이런 말이 자연스럽게 입 밖으로 나왔을 것이다.

현대의 인간관계는 어떠한가?

기술이 발달한 덕분에 얼굴을 마주하지 않아도 일을 해결할 수 있는 시대가 되었다. 편리하긴 하지만 어쩔 수 없이 인간관계가 소홀해질 수밖에 없다. 지인과의 교제도 이웃과의 교류도 마찬가지다. 왠지 쓸쓸하게 느껴진다. 어떤 노래 가사에 '살아가는 게 힘들어도'라는 구절이 있다. 정말 공감한다.

이런 생각을 하며 글을 쓰다 보니 갑자기 깨달은 것이 있다. 지금 내 주변에는 손윗사람은 물론 오래된 친구도 대부분 세상을 떠나고 없다. 어설프게 오래 살면 이런 처지가 된다. 이제 와서 한탄해봤자 아무 소용도 없다.

한 가지 목표는 남아 있다. 바로 '아랫사람이 따르는 사람'이다. 여하튼 변변찮은 몸이라서 이것도 쉽지는 않겠지만, 당면 과제로 삼고 적어도 젊은이에게 짐이 되지 않도록 노력하면서 남은 인생을 잘 마무리하고 싶다.

손윗사람은 편안해하고, 친구에게는 신뢰받고,
아랫사람은 따르는 그런 사람이 되고 싶다.

오십부터는 내면과 외면의 균형을 어찌 맞출까?

공자께서 말씀하셨다.

"바탕이 겉모양을 이기면 촌스럽고 겉모양이 바탕을 이기면 겉치레다. 바탕과 겉모양이 조화를 이뤄야 군자라고 할 수 있다."

子曰, "質勝文則野, 文勝質則史. 文質彬彬, 然後君子."

자왈 질승문즉야 문승직즉사 문질빈빈 연후군자

·················· **옹아편(雍也篇)** ··················

'문질빈빈(文質彬彬)'이라는 사자성어가 참으로 절묘하지 않은가. '문질(文質)'이란 겉모습과 내면이고 '빈빈(彬彬)'은 균형을 잘 이룬다는 말이다. 이렇게 겉과 속이 조화로워야 군자라고 할 수 있다는 의미다.

여기서 '질(質)'은 내면을 말하는 것으로 인간으로서 살아가기 위한 기본 소양이다. 나도 뒤늦게나마 다양하게 공부를 해봤지만 제대로 익힌 것이 맞는지 조금 불안하다.

예를 들면, '예(禮)'라는 것은 따로 배운 기억이 전혀 없고 그냥 눈동냥으로 익힌 것들뿐이다.

그러고 보면 어릴 적에 어머니에게 '이건 하면 안 돼'라는 꾸지람을 세 번 정도 들은 적이 있다. 하지만, '이렇게 해'라거나 '저렇게 해야 해'라는 말을 들은 기억은 없다. 내가 스스로 선택해서 결정해야 했는데 어린아이에게는 힘든 선택이었다.

적어도 기본예절 정도는 어릴 때부터 확실하게 가르쳐야 한다. 그래야 성장하면서 문질빈빈(文質彬彬)의 수준에 가까워지지 않겠는가. 중학생 정도가 되면 부모 말은 전혀 들으려고 하지 않으니, 어릴 때 열심히 가르쳐야 한다.

기본예절을 가르치는 일은 아이와 부모 모두를 위한 것이다.

내면이 훌륭해도 겉모습이 단정하지 않으면 촌스러워 보인다.
반대로, 겉모습은 단정해도 내면이 따르지 않으면 실속이 없다.

오십의 불안에서 벗어나는 길

공자께서 말씀하셨다.

"덕을 닦지 못한 것, 학문을 익히지 못한 것, 의로운 일을 듣고
도 실천하지 못한 것, 선하지 않은 점을 고치지 못한 것, 이것
이 나의 근심이다."

子曰, "德之不修, 學之不講, 聞義不能徙, 不善不能改, 是吾憂也."
자왈 덕지불수 학지불강 문의불능사 불선불능개 시오우야

·················· **술이편(述而篇)** ··················

공자가 스스로 자신의 과제로 삼은 네 가지가 있다. 모두 인생
과 정면으로 마주하고 있는 것들이다. 새삼 공자가 정말 훌륭하다
는 생각이 든다.

나 자신은 어땠을까?

원래 성실한 편이라서 무책임하게 행동해보고 싶었지만 잘되지 않았다. 어떨 때는 고지식한 세상이 못마땅해 건달 세계도 기웃거려 봤지만, 문턱을 넘지 못하고 포기했다. 지금 생각해보니 모두 젊은 혈기에 객기를 부린 꼴이었다.

그렇다고 내 나름의 과제가 없진 않았다. 중년 무렵부터 무언가 의식하기 시작했다. 그 후에는 점점 확고해진 것이 있는데, 다음 두 가지였다.

'남에게 피해 주지 말자. 국가에 신세 지지 말자.'

이해하기 쉽게 말하면 나는 나대로 살 테니 그냥 상관하지 말고 놔두라는 의미다. 현재 이 두 가지 요건을 충족하면서 그럭저럭 인생을 마무리할 수 있을 것 같아 아주 감사하다.

국가에 대해서는, 지금은 세금을 적게 내지만 현역에서 활발히 활동할 무렵에는 싫은 내색 한 번 하지 않고 줄곧 많은 세금을 내 왔다. 이런 사람이 국가의 신세를 지지 않겠다고 하다니 나름 훌륭하지 않은가.

> **내가 걱정하는 일, 풀어야 할 과제가 무엇인지 아는 것부터.**

오십부터는 진정으로 하고 싶은 일을 한다

공자께서 말씀하셨다.

"분발하지 않으면 깨우쳐주지 않고, 애쓰지 않으면 일러주지 않는다. 한 모퉁이를 들어 보였을 때 나머지 세 모퉁이로 반응하지 못하면 반복하지 않는다."

子曰, "不憤不啓, 不悱不發. 擧一隅不以三隅反則不復也."
자왈 불분불계 불비불발 거일우불이삼우반즉불부야

························· **술이편(述而篇)** ·························

공자는 젊을 때부터 제자를 받아 가르쳤다. 그 제자들에게 가장 바란 점은 의욕을 가지라는 것이었다. 공자는 거듭 의욕이 없는 사람은 가르쳐도 소용없다고 했다. 이 구절도 그런 말 가운데 하나다.

나도 이십여 년 전부터 대학에서 학생들을 가르치고 있는데 중국 고전을 바탕으로 인간학을 가르치고 있다. 인간학이 무엇인지 이해하기 어려울 수도 있지만, 요점은 지도자로서의 마음가짐이다. 그런 의미에서 리더십이라고도 할 수 있다.

이렇게 배운 내용을 머리로 이해하고 지식으로 알고 있어봤자 아무 소용없다. 어디까지 실천할 수 있는지가 핵심이다. 실천하지 못하면 애써 배워도 배운 보람이 없지 않겠는가. 당연히 배운 지식을 모두 실행에 옮기라는 식의 터무니없는 주장을 하지는 않는다. 배우고 이해한 지식은 가능하면 실천에 옮기려고 노력해야 한다.

실천하려는 노력은 아마도 공부에서만이 아닐 것이다. 심사숙고한 끝에 결단을 내렸다면 실천에 옮기자. 그래야만 새로운 미래를 열어갈 수 있다.

상대가 할 마음이 없다면 거들지 않는다.

남은 인생을 누구와 함께할 것인가?

자로가 여쭈었다. "선생님께서 삼군을 통솔하신다면 누구와 함께하시겠습니까?"

공자께서 대답하시기를, "맨손으로 범을 잡고 맨몸으로 강을 건너려다 죽어도 후회가 없는 사람이라면 나는 함께하지 않을 것이다. 반드시 일에 임해서는 두려워할 줄 알고 미리 계획하기를 좋아하여 성공하는 사람과 함께할 것이다."

子路曰, "子行三軍, 則誰與?" 子曰, "暴虎馮河, 死而無悔者, 吾不與也. 必也臨事而懼, 好謀而成者也."

자로왈 자행삼군 즉수여 자왈 폭호빙하 사이무회자
오불여야 필야임사이구 호모이성자야

·························· **술이편(述而篇)** ··························

많은 제자 중에 《논어》에 가장 많이 등장하는 사람이 바로 '자로'다. 원래 그는 협객 세계의 사람으로 의협심이 강했다고 한다. 그래서인지 생각이 바로 행동으로 나타나는 성격이어서 가끔 무모하고 무지함을 드러내 공자가 타일렀다고 한다.

하지만 자로도 절대 지지 않았다. 거침없고 스스럼없는 말투로 공자에게 대들었다. 그러면서도 공자의 건강을 가장 걱정한 사람역시 자로였다.

자로가 등장하면서 《논어》가 생기 넘치는 인문학이 될 수 있었다. 이 문답을 봐도 자로는 아마 '내가 믿는 것은 자네 같은 사람이야'라는 대답을 기대했을 것이다. 하지만 가볍게 한 방 먹고 그자리에서는 반론도 못 한 채 풀이 죽어 물러나지 않았을까?

인생에서 요구되는 것은 심사숙고하는 자세와 단행이다. 자로는 단행은 할 수 있었지만 깊이 생각하지 않았다. 공자는 그 점을지적하고 있는 것이다. 훗날 자로는 이런 성격이 화근이 되어 뜻밖의 죽음을 맞이했고, 공자는 굉장히 슬퍼했다.

유사시에 주도면밀하게 계략을 꾸미고
신중하게 대처하는 사람이 더 믿음이 간다.

인생에 즐거움이 없다면 어찌 살겠는가?

공자께서 말씀하셨다.

"거친 밥을 먹고 물을 마시고, 팔을 베개로 삼아 누워도 그 안
에 즐거움이 있다. 의롭지 못한 부귀는 나에게 뜬구름과 같을
뿐이다."

子曰, "飯疏食飮水, 曲肱而枕之, 樂亦在其中矣. 不義而富且
貴, 於我如浮雲."

자왈 반소사음수 곡굉이침지 낙역재기중의 불의이부차귀
어아여부운

························· **술이편(述而篇)** ·························

인생에 즐거움이 없으면 무슨 낙으로 산단 말인가.

우리가 많이 듣는 말이지만, 실제로 열심히 인생의 즐거움을 찾
는 사람은 많지 않다.

사실 나도 그런 사람 중 하나였다. 그런 내가 가끔 기분 전환을 할 겸 골프를 치러 갔다. 특히 봄에 치는 골프를 즐겼다. 푸른 새싹이 나올 무렵 휘파람새가 지저귀는 소리를 들으며 코스를 돌면 '아, 봄이 돌아왔구나. 살아 있어서 행복하다'라는 생각이 들어서 마음이 평온해지곤 했다.

그렇게 즐기던 골프를, 지금도 초대해 주는 사람이 있어서 아주 가끔이지만 필드에 나간다. 하지만 거리도 잘 나오지 않고 예전처럼 즐겁지 않다.

그러면 술이라도 마셔보라며 추천하는 사람이 있는데, 술도 그다지 즐기지 못한다. 원래 술을 못 마시는 체질이어서 억지로 마시면 오히려 기분이 푹 가라앉는다.

나 자신도 어쩔 수 없는 숙명인 것 같다. 보통 사람보다 더 오래 살면서 인생의 즐거움까지 원하는 것은 욕심인가 보다.

"다치지 않는 말이 명마"라는 말도 있지 않은가. 다치지 않고 현역으로 오랫동안 활약한 경주마가 진정한 명마라는 의미다. 지금은 별일 없이 무사히 살아 있는 것만으로도 좋다. 즐거움은 조금 더 뒤로 미뤄야겠다.

변변찮은 음식을 먹고 맹물을 마시는
가난한 생활에도 즐거움이 있다.

자신을 객관적으로 평가할 줄 알아야 한다

"너는 어찌하여, 그분은 분발하면 먹는 것도 잊고, 즐거울 때
는 근심조차 잊어버려 늙음이 장차 닥쳐오는 것도 알지 못하
는 그런 사람이라고 말해주지 않았느냐?"

"女奚不曰, 其爲人也, 發憤忘食, 樂以忘憂, 不知老之將至云爾?"
여해불왈 기위인야 발분망식 낙이망우 부지로지장지운이

···················· 술이편(述而篇) ····················

공자의 제자 자로가 어떤 나라의 수장과 만났을 때 "당신의 스
승은 어떤 인물입니까?"라는 질문을 받았지만 대답하지 못했다.
자로가 공자를 찾아가 그 일을 보고했더니 공자가 한 말이 바로
이것이다. 공자 스스로 자신을 평가하며 그린 노년의 자화상이다.

그렇다면, 공자는 노년에 어떤 일을 낙으로 삼았을까?

첫 번째는 악기 연주다. 악기 연주는 프로 수준의 실력이었고 노래도 종종 불렀다고 한다.

공자께서 남과 함께 노래하면서 그가 잘 부르면 반드시 다시 부르게 하고. 그 이후에 다시 함께 불렀다.

子與人歌而善, 必使反之, 而後和之.

자여 인가이선 필사반지 이후화지

··········· **술이편(述而篇)** ···········

두 번째는 술을 즐겼다고 한다.

술은 양을 정해 놓지는 않았으나 어지러운 지경에 이르지는 않았다.

唯酒無量, 不及亂.

유주무량 불급란

··········· **향당편(鄕黨篇)** ···········

그때의 기분에 따라 많이 마실 때도 있고 적게 마실 때도 있지만, 인사불성이 될 정도로 마시지는 않았다. 술을 정말 제대로 즐기지 않았는가!

마지막, 세 번째는 젊은 인재의 육성이다.

만년에 공자가 가장 힘을 쏟은 것은 젊은 세대를 육성한 것이다. 고생한 보람이 있었는지 공자 학당은 계속해서 뛰어난 사람을 배출했다. 어쩌면 뛰어난 제자를 보는 것이 노년의 공자에게 가장 즐거운 낙이었을지도 모른다.

자기 평가를 할 줄 아는 사람이 되자.

상대를 소중히 대하며 좋은 것만 취하라

공자께서 말씀하셨다.

"세 사람이 함께 길을 가면 반드시 내 스승이 될 만한 이가 있다. 그중에 선한 자를 택해 그를 따르고, 선하지 못한 자를 가려 내 잘못을 고친다."

子曰, "三人行, 必有我師焉. 擇其善者而從之, 其不善者而改之."

자왈 삼인행 필유아사언 택기선자이종지 기불선자이개지

·················· **술이편(述而篇)** ··················

공자는 젊은 시절에 특정 선생님에게 학문을 배운 기록이 없다. 아마 읽고 쓰는 기초 정도는 어머니에게 배웠을지 모르지만, 그 후에는 대부분 독학이었던 것 같다.

이 점에 대해 자공(子貢)이라는 제자는 "선생님께서 어찌 배우지 않으셨겠습니까? 그리고 또한 정해진 스승이 있으셨겠습니까?"라고 말했다. 선생님은 어떤 상대한테든 배웠으며 누군가 특정 인물을 스승으로 삼고 배운 것은 아니라는 의미다. 여기서 다룬 구절과 같은 맥락의 이야기다.

공자는 인간에 대해 정통한 보기 드문 사람이다. 아마 많은 사람과 교류하면서 갈고닦았기 때문일 것이다.

현대는 어떠한가? 기술이 발달해서 다른 사람과 직접 만나지 않아도 일을 처리할 수 있는 시대가 되었다. 편리해진 것은 분명하지만 그만큼 배울 기회가 많이 없어졌다.

그렇다면 어떻게 해야 할까?

딱히 좋은 해결책은 없다. 적어도 지금까지의 관계를 소중히 하고 상대에게 배우려는 의욕을 높여야 한다. 이렇게만 해도 분명히 얻는 것이 있다.

> 좋은 점이 있으면 그것을 배우고,
> 나쁜 점이 있다면 자신을 반성하는 재료로 삼는다.

고생 끝에 도달한 것은 무엇인가?

공자께서는 온화하면서도 엄숙하시며, 위엄이 있으면서도 사납지 않으시고, 공손하면서도 편안하셨다.

子溫而厲, 威而不猛, 恭而安.

자온이려 위이불맹 공이안

·························· **술이편(述而篇)** ··························

제자들이 공자의 성품을 묘사한 말이다. 한 번만 읽어만 봐도 균형 잡힌 인물이 머릿속에 그려지지 않는가?

공자는 출신도 자라온 환경도 좋지 못했고, 다른 사람보다 훨씬 우여곡절이 많았다. 어떤 책에서는 '공자는 무당의 자식이었다. 아버지의 이름도 모르는 사생아였다'라고 했다.

이런 출신으로 태어나면 아무래도 세상의 냉혹함을 뼈저리게 느끼면서 자란다. 공자도 예외는 아니었을 것이다. 공자 자신 또한 훗날, "나는 젊었을 때 신분도 낮고 생활도 어려웠다. 그래서 여러 가지 허드렛일도 해야 했다"라고 털어놓았다. 먹고 살기 위해 좋아하는 일만 골라서 할 여유가 없었다는 말이다.

이렇게 고생만 하면 절망에 빠지게 되는 경우가 많다. 하지만, 공자는 굴복하지 않았다. 오히려 고생을 자신을 갈고닦는 양식으로 삼았다. 그런 고생 끝에 도달한 것이 바로 균형 잡힌 인간상이다.

우리도 설령 고생은 할지언정 공자처럼 그런 경험을 살리면서 나아가자. 그래야만 고생한 보람이 있지 않겠는가.

> 따뜻함 속에 엄격함이 있고, 위엄 있으면서 권위적이지 않고,
> 검손하면서 꾸밈이 없는 삶을 살자.

우물 안 개구리처럼 으스대지 말라

증자께서 말씀하셨다.

"선비란 뜻이 넓고 굳세지 않으면 안 된다. 책임이 막중하고
갈 길이 멀기 때문이다."

曾子曰, "士不可以不弘毅, 任重而道遠."

증자왈 사불가이불홍의 임중이도원

························ **태백편(泰伯篇)** ························

증자(曾子)라는 제자가 한 이야기로 '선비는 뜻이 넓고 굳세야
한다'라는 구절이 유명하다.

어느 시대든 '어른'은 무거운 책임을 짊어진다. 지위가 높아지
면 책임도 그만큼 더 무거워진다. 그 책임을 다하기 위해서는 넓
은 시야와 강한 의지력, 이 두 가지를 연마해야 한다.

넓은 시야가 없으면 잘못된 판단을 할 수 있다. 같은 의미로는 '야랑자대(夜郞自大)'라는 유명한 고사성어가 있다. 우물 안 개구리처럼 좁은 세계에서 으스대는 사람을 냉소하는 말이다. 이런 사람은 절대로 주어진 책임을 다할 수 없다.

강한 의지력은 현대식으로 말하면 도전 정신이다. 인생이란 지금 잘 나간다고 해도 언제 어느 때 뒤집힐지 모른다. 그런 상황에서 당황하고 안절부절못하면 아무것도 할 수 없다.

오히려 어려움에 부딪혔을 때 제대로 방어하면서 반전할 기회를 노려야 한다.

인생 후반전에는 넓은 시야와 강한 의지력을 가져야 한다.
아직도 갈 길이 멀기 때문이다.

오십부터 꼭 피해야 할 것 4가지

공자께서는 네 가지를 하지 않으셨다.

억측하지 않으셨고, 반드시 그래야 한다는 게 없으셨으며, 고

집하지 않으셨고, 자신만 옳다고 하지 않으셨다.

子絶四. 毋意, 毋必, 毋固, 毋我.

자절사 무의 무필 무고 무아

·························· **자한편(子罕篇)** ··························

제자들이 공자의 사람됨을 이야기한 구절이다.

공자는 네 가지 결점이 없었다고 한다.

첫째, 주관만으로 억측하지 않았다.

주관도 주관 나름이지만 얕은 지식으로 판단하면 당연히 잘못

되는 일이 많다. 인터넷에 쏟아지는 비판에는 이런 종류의 억측이 많다.

둘째, 자기의 생각만을 끝까지 고집하지 않았다.

자기의 생각만 고집하면 완고하다는 면에서는 인정해주고 싶기도 하지만 결국 소외되지 않겠는가. 자신의 의견은 의견대로 두고 주변 사람의 의견에도 귀를 기울이자.

셋째, 한 가지 생각만 고집하지 않았다.

고집이 세면, 고지식하고 사고가 유연하지 못하다는 비판을 받을 수 있다. 이러면 언젠가 벽에 부딪히게 된다.

넷째, 자신의 상황만 생각하지 않았다.

자기 입장만 생각하면 주변 사람들이 싫어하고 인간관계가 안 좋아져서 외톨이가 된다. 자신의 상황을 생각한다면 주변 사람의 상황도 생각해주어야 한다. 이것이 제대로 살아가는 방식이 아니겠는가?

공자는 인생의 우여곡절을 겪은 사람이라고 했는데, 단지 고생만 많이 한 사람이 아니다. 이렇게 상식적인 부분도 제대로 이해하고 있다. 그런 의미에서는 아주 뛰어난 상식을 갖춘 사람이기도 했다.

네 가지 피해야 할 일이 있다.
첫 번째는 주관만으로 억측하는 일.
두 번째는 무턱대고 자기 생각을 밀어붙이는 일.
세 번째는 한 가지 생각만 고집하는 일.
네 번째는 자신의 상황만 생각하는 일.

어깨를 두드려 줄 수 있는 어른이 멋있다

공자께서 말씀하셨다.

"나중에 태어난 자가 두렵다. 앞으로 올 자가 지금보다 못할 거라고 어찌 아는가? 사십, 오십에도 명성이 없으면 이 또한 두려워할 만하지 않다."

子曰, "後生可畏. 焉知來者之不如今也? 四十五十而無聞焉, 斯亦不足畏也已."

자왈 후생가외 언지래자지불여금야 사십오십이무문언 사역 부족외야이

························· **자한편(子罕篇)** ·················

사람은 나이를 먹으면 자기도 모르게 '요즘 젊은이들은……'이라는 말이 하고 싶어진다고 한다. 하지만 공자는 달랐다. 나이가

어려도 큰 가능성이 있다면서 어깨를 두드려줬다.

그런 의미에서 나도 공자와 같은 생각이다. 학생들이 내는 리포트에 설명을 달아서 돌려줄 때가 있다. 그럴 때면 항상 '자신만의 과제를 찾아 도전했으면 좋겠구나'라는 한 마디를 추가해 마무리한다.

내가 담당하는 수업은 인간학이다. 인간학은 머리로만 이해하는 것이 아무 소용없다. 실천으로 옮겨야만 배운 보람이 있다. 그렇기에 도전하라는 것이다. 더욱이 공자는 '사십, 오십에 이름이 알려지지 않으면……'이라고 지적하고 있지 않은가. 공자 나름대로는 격려의 말이었을지 모르지만, 그 정도까지는 바라지도 않는다.

지금 시대는 공자가 살던 시대와는 달리 사회 구조가 복잡해서 도전한다고 반드시 보상받는다는 보장이 없다. 결과로 이어질지 말지는 그 사람의 운도 따라야 한다.

만약 보상받지 못한다고 해도 '나름대로 열심히 했어. 후회하지 않아'라고 생각할 수만 있다면 충실한 인생을 사는 것이다.

조금 남은 젊음이지만 그것만으로도 풍부한 가능성이 있다.

2강

오십의 후회
내가 하기 싫은 일은 남도 시키지 않는다

뜻을 세우기에 늦은 나이란 없다

공자께서 말씀하셨다.

"삼군이라 해도 그 장수는 빼앗을 수 있으나, 필부의 뜻은 빼앗을 수 없다."

子曰, "三軍可奪帥也, 匹夫不可奪志也."

자왈 삼군가탈수야 필부불가탈지야

·························· **자한편(子罕篇)** ··························

'지(志)'란 인생을 살면서 목표를 세우고 그것을 실현하기 위해 나아가는 것이다. 그리고 '필부(匹夫)'란 지위나 신분, 교양도 없는 사람을 말한다. 평범하거나 그보다 못한 사람이라고 할 수 있다. 하지만 그런 필부라고 해도 그 나름의 지(志)는 갖고 있다. 그런 의미에서 인간의 특권이라고 할 수 있다.

이 특권을 활용하지 않는다면 어떤 인생이 될까? 목표도 없이 이리저리 휩쓸리면서 그저 되는 대로 막살게 된다.

참고로, 훗날 양명학(陽明學)을 주창한 왕양명(王陽明)도 '뜻을 세우지 않는다면 키 없는 배와 같고 재갈 없는 말과 같다'라는 말을 했다. 어디로 흘러가는지 모른다는 의미다.

이렇게 살면 모처럼 이 세상에 태어났어도 취생몽사(醉生夢死, 아무 목적도 의미도 없이 한평생 술에 취한 듯 꿈을 꾸듯 흐리멍덩하게 살아간다는 의미_옮긴이) 같은 인생으로 끝나버린다.

그래도 괜찮다면 할 수 없지만, 이왕 태어난 인생인데 작은 흔적이라도 남기고 싶다면 뜻을 품길 바란다. 그런데, 학생들에게 종종 이런 말을 하면서 분발하라고 말해도 어쩐지 반응이 시원찮다.

> 아무리 대군이라도 그 사령관을 포로로 잡을 수 있다.
> 하지만, 아무리 평범한 사람이라도
> 그 사람의 뜻만은 빼앗을 수 없다.

지나침은 모자람만 못하다

자공이 여쭈었다.

"사(자장)와 상(자하) 중에 누가 더 낫습니까?"

공자께서 대답하셨다. "사는 지나치고 상은 못 미친다."

자공이 여쭈었다. "그렇다면 사가 더 낫습니까?"

공자께서 말씀하셨다. "지나친 것은 못 미치는 것과 같다."

子貢問, "師與商也孰賢?"
子曰, "師也過, 商也不及."
曰, "然則師愈與?"
子曰, "過猶不及."

자공문 사여상야숙현   자왈 사야과 상야불급
왈 연즉사유여   자왈 과유불급

·························· **선진편(先進篇)** ··························

자장(子張, 이름은 사師)과 자하(子夏, 이름은 상商)는 수많은 제자 가운데서도 젊은 유망주였으며 서로 경쟁상대였다. '지나침은 모자라는 것과 같다'라는 명언은 이 구절에서 나온 말이다.

공자는 균형 잡힌 인간상을 중시했다. 그런 관점에서 보면 당연히 지나쳐도 모자라도 안 된다.

이쯤에서 덕의 주요 요소에 대해 살펴보자. 마땅히 인간으로서 없어서는 안 되는 것이지만 지나치면 이렇게 된다.

- 인(仁) : 인이 지나치면 마냥 좋은 사람이 된다.
- 겸(謙) : 지나치게 겸손하면 굽신거리면서 비굴해진다.
- 관(寬) : 지나치게 관대하면 야무지지 못하게 된다.
- 신(信) : 신이 지나치면 앞뒤로 꽉 막힌 고집불통이 된다.
- 용(勇) : 지나치게 용감하면 앞뒤 가리지 않는 무모한 사람이 된다.

지나침은 모자란 것과 같다.

주어진 일에 책임을 다하였는가?

자장이 정치에 대해 여쭈었다. 공자께서 말씀하셨다.

"자리에 있으면서 게으르지 않고, 일을 행할 때는 충심으로써
한다."

子張問政. 子曰, "居之無倦, 行之以忠."

자장문정 자왈 거지무권 행지이충

························ **안연편(顏淵篇)** ························

공자가 살던 시대에 공자 같은 학자가 세상에 나가 할 수 있는
일이라고는 정치밖에 없었다. 그러니 이 말은 정치뿐만 아니라 넓
은 의미로 일에 대한 마음가짐이라고 해석해도 좋다.

공자는 밑바닥 생활을 하면서 단맛 쓴맛 다 겪고 자랐다. 이 말
은 그런 공자에게 신조였을 것이다.

생각해보면, 일터에서 일하는 것은 자기계발이기도 하다. 멋대로 하찮은 일이라고 생각해 대충하면 아무것도 얻는 것이 없다. 원래 일상의 업무란 대부분 같은 일의 반복이기 때문에 아무 생각 없이 하면 곧바로 타성에 젖는다.

그렇게 되지 않으려면 항상 문제의식을 느끼고 의욕을 불태워야 한다.

이때 유효한 것은 우선 선인의 가르침을 배우는 것이다. 단, 배우는 것만으로는 충분하지 않다. 배우고 이해한 일은 실행에 옮겨야 한다. 그렇게 해야만 배운 것이 내 것이 된다.

그런 의미에서 매일 하는 업무는 모처럼 주어진 기회라고 할 수 있으니 잘 활용해야 한다. 이런 각오로 하루하루 업무에 몰두할 수 있다면 그야말로 일거양득(一擧兩得) 아니겠는가.

어떤 일도 대충하면 안 된다.
주어진 일은 성실하게 책임을 다해야 한다.

친구를 대하는 자세에도 단계가 있다

자공이 친구에 대해 여쭈었다. 공자께서 말씀하셨다.

"충심으로 일러주고 잘 인도하되 그렇게 되지 않는다면 그만 두어 스스로 욕되지 않아야 한다."

子貢問友. 子曰, "忠告而善道之, 不可則止, 無自辱焉."

자공문우 자왈 충고이선도지 불가즉지 무자욕언

·················· **안연편(顏淵篇)** ··················

나에게도 진짜 친구라고 말할 수 있는 사람이 몇 명 있다. 대부분이 고등학교 동창이다. 동창이라고 해도 함께 공부했던 기억은 거의 없고, 군이 따지자면 함께 놀던 사이다. 편하게 어울리던 사이라서 진짜 친구가 되었는지도 모르겠다.

고등학교 친구라서 좋은 점은 살아온 인생이 각각 다르다는 점이다. 의사나 변호사가 된 사람도 있고, 화가나 잡지 편집자도 있고, 나처럼 글 쓰는 사람도 있다. 자기 회사를 차려 사장이 된 사람도 있다. 이렇게 다양한 인생을 살기 때문에 오랫동안 친구 관계를 유지하는 것일지도 모른다.

하지만 대학교에 들어갔을 때는 사뭇 분위기가 달랐다. 중국 문학과를 선택하고 친구가 몇 명 생겼지만, 왠지 경쟁심이 생겨서 마음을 터놓고 이야기 나눌 수 있는 분위기가 아니었다. 이런 상황에서는 마음 놓고 만날 수 있는 친구를 사귀기 어렵다.

공자가 말한 친구를 대하는 방법 중에 '그렇게 되지 않으면 그만두어라'라는 대목이 참 멋지지 않은가?

부즉불리(不卽不離), 즉 붙지도 않고 떨어지지도 않는 바로 이러한 자세가 오랫동안 관계를 유지하는 요령이다.

친구가 잘못하면 충고해서 좋은 방향으로 이끈다.
만약 듣지 않을 때는 강요해서 기분이 상하는 일은 피한다.

사용하지 못하는데 똑똑한들 무슨 소용인가?

공자께서 말씀하셨다.

"《시경》삼백 편을 외워도 정치를 맡겼을 때 통달하지 못하고, 외국에 사신으로 보냈을 때 독자적으로 대처할 수 없다면 아무리 많이 외운들 무슨 소용이 있겠는가?"

子曰, "誦詩三百, 授之以政, 不達, 使於四方, 不能專對, 雖多, 亦奚以爲?"

자왈 송시삼백 수지이정 부달 사어사방 불능전대 수다 역해이위

·················· **자로편(子路篇)** ··················

《시경詩經》이라는 고전은 중국 고대의 시집으로 삼백여 편 정도의 시가 수록되어 있다. 일본에서 가장 오래된 시가집인《만엽집萬葉集》은 이《시경》에 자극을 받아 만들어진 것이라고 한다.

《시경》은 당시 학문을 하는 사람들에게 기본 교양서 중 하나였다. 일상 회화에서도 종종 인용되었는데 모르면 이야기가 통하지 않을 뿐 아니라 창피를 당했다. 일상 회화뿐만이 아니다. 정치나 외교의 장에서도 자주 사용되었다고 한다. 만약 시경을 모른다면 교섭 자체가 불가능하다.

이때 중요한 것은《시경》을 어떻게 활용하는가이다. 때를 잘 맞춰 효과적으로 나오지 않으면 아무 의미가 없다. 공자도 이런 점을 지적하고 있는 것이다.

현대를 사는 우리에게 기본적인 교양은 무엇일까? 아무리 생각해도 떠오르지 않는다. 스마트폰? 농담하지 마시라. 외국어? 조금은 맞는 말인지도 모르겠다.

현대인이 꼭 갖춰야 하는 기본 교양은 상황에 따라 달라지겠지만, 스마트폰만 들여다보면서 너무 들뜬 삶을 사는 것은 경계해야 한다.

아무리 풍부한 교양을 갖추고 있어도,
제때 사용하지 못하면 무슨 소용이 있겠는가?

스스로 덕을 쌓으면 사람들이 알아서 따른다

공자께서 말씀하셨다.

"자기 자신이 올바르면 명령을 내리지 않아도 행해지고, 자기 자신이 올바르지 않으면 비록 명령을 내려도 따르지 않는다."

子曰, "其身正, 不令而行, 其身不正, 雖令不從."

자왈 기신정 불령이행 기신부정 수령부종

························· **자로편(子路篇)** ·························

부하는 상사의 뒷모습을 보고 성장한다. 일을 제대로 잘하고 있는지 전부 보고 있다. 따라서 상사는 그런 부하의 시선을 감당할 수 있는 인물이어야 한다.

《순자荀子》라는 고전에는 '근원이 맑으면 흐름도 맑고 근원이 탁하면 흐름도 탁하다'라는 말이 있다. 여기서 말하는 근원의 '원

(源)'은 남을 이끄는 사람을 가리킨다. 윗사람이 맑으면 아랫사람도 맑고, 윗사람이 탁하면 아랫사람도 탁하다는 뜻이다. 그러니 업무적인 면에서도 인격적인 면에서도 부하의 모범이 될 만한 인물이 되길 바란다는 말이다.

《사기史記》에도 역시 '복숭아와 자두는 말하지 않아도 그 아래에 저절로 길이 생긴다'라는 유명한 구절이 있다. 복숭아나 자두는 봄이 되면 아름다운 꽃을 피우고 맛있는 열매를 맺기 때문에 아무 말을 하지 않아도 자연스레 사람이 모이고 그 아래에 길이 난다는 의미다.

이와 마찬가지로 덕이 있는 인물 주변에는 그 덕을 우러러보고 저절로 사람이 모인다고 한다.

자기 자신을 바로잡기 위해 먼저 실행해야 하는 것은 바로 이러한 덕이다. 지위나 명령으로 부하를 움직이는 데는 한계가 있다. 부하가 스스로 '저 사람을 위해서라면'이라고 생각해 따를 수 있도록 덕을 갖춰야 한다.

덕 외에 다른 하나는 솔선수범(率先垂範)해서 열심히 하는 것이다. 입으로만 설교하면 부하는 듣지 않는다. 몸소 모범을 보이는 것이 바람직하다.

리더가 바르면 명령하지 않아도 실행된다.
리더가 바르지 않으면 어떤 명령을 해도
사람들이 따르지 않는다.

작은 이익을 따르면 큰일을 이루지 못한다

자하가 거보라는 지방의 읍재가 되어 정치에 대해 여쭈어보았다. 공자께서 말씀하셨다.

"너무 서두르지 말고, 작은 이익을 보려고 하지 마라. 서두르면 달성하지 못하고 작은 이익을 보려고 하면 큰일을 이루지 못한다."

子夏爲莒父宰, 問政. 子曰, "無欲速, 無見小利. 欲速則不達. 見小利, 則大事不成."

자하위거보재 문정 자왈 무욕속 무견소리 욕속즉부달 견소리 즉대사불성

········· **자로편(子路篇)** ·········

정치에 임하는 마음가짐에 관한 이야기다. 장기적인 시야와 거시적인 판단, 이 두 가지가 필요하다는 뜻이다.

정치도 사업도 이왕 시작했으니 빨리 결과를 내고 싶다며 전력 질주하기 마련이다. 만약 그래서 목적을 달성할 수 있다면 아무 문제가 없다. 하지만 어느 시대든 현실은 냉정하다.

목표는 아직 멀리 있는데 피로만 쌓이는 결과를 낳는다. 그러니 차분하고 침착하게 장기전을 각오하고 시작하는 편이 낫다. 설령 멀리 돌아가더라도 확실하게 목적지에 도달할 수 있기 때문이다. 내 인생을 되돌아보아도 정말 그런 생각이 든다.

그런데 소리(小利), 즉 작은 이익을 아예 버릴 것만은 아니다. '티끌 모아 태산'이라는 말도 있지 않은가? 눈앞에 이익이 있는데, 그것이 그릇되지 않다면 감사하게 받아두자. 그렇다고 작은 이익에 눈이 멀어 그쪽에만 관심을 둔다면 배보다 배꼽이 큰 꼴이 된다.

원래 목표는 마지막까지 굳건히 갖고 있자. 그래야만 제대로 된 인생이라고 할 수 있지 않겠는가.

조급해하지 말고 눈앞의 작은 이익에 현혹되지 말아야 한다.

되도록 협조하지만 무턱대고 어울리지 않는다

공자께서 말씀하셨다.

"군자는 화합하되 부화뇌동하지 않으며, 소인은 부화뇌동하지만 화합하지 못한다."

子曰, "君子和而不同, 小人同而不和."

자왈 군자화이부동 소인동이불화

··· **자로편(子路篇)** ···

내가 현역 때 강연을 많이 부탁받았다. 강연이 끝나고 대기실에서 쉬고 있는데 뭐든 한마디 써달라며 종이를 건네받은 적이 있다. 하지만 글씨를 예쁘게 못 쓰는 편이라 매우 난처했다. 도무지 남에게 보여줄 만한 글씨가 아니어서 사실대로 말하고 거절했다. 하지만, 그래도 부탁한다며 사정해서 단호하게 거절할 수 없었다.

마지못해 적은 것이 '화이부동(和而不同)'이라는 사자성어였다.

이 사자성어를 이해하기 쉽게 풀어서 번역하면 '사이좋게 지내도 찰싹 달라붙지 않는다'라는 의미다.

어떤 면에서 나에게 아주 딱 어울리는 말이다. 나는 다른 사람과 다투는 것을 싫어한다. 본능적으로 피하려는 습성이 있는데 어릴 때부터 그랬다. 이런 성격으로 살면 아무래도 경계가 허술하다. 남에게 이용당한 적도 있긴 하지만 일부러 고치려는 생각은 하지 않았다.

그러면 어떤 삶의 방식을 지향했을까? 나는 나로 살기로 했고 가능하면 큰 바다에서 헤엄치고 싶다는 꿈을 품고 살아왔다. 나 같은 사람도 이렇게 잘 살아왔으니 이 세상은 아직 제법 살 만하다. 앞으로도 화이부동(和而不同)의 자세로 살아가려고 한다.

군자는 아주 협조적이지만 남의 말에 쉽사리 따르지 않는다.
소인은 남의 말에 따라 움직이지만 협조적이지 않다.

가난한데 원망하지 않기가 참 어렵긴 하다

공자께서 말씀하셨다.

"가난하면서 원망하지 않기는 어려우나 부유하면서 교만하지
않기는 쉽다."

子曰, "貧而無怨難, 富而無驕易."

자왈 빈이무원난 부이무교이

·················· **헌문편(憲問篇)** ··················

공자는 극심한 생활고를 겪으면서 자랐다. 사회에 나와서 남들
에게는 말 못 할 경험도 했을 것이다. 가끔은 남을 원망하는 마음
이 들었을지도 모른다.

나는 어떤 마음이었는지 되돌아봤다. 부자가 된 적은 없으니 그
쪽 마음은 잘 모른다. 하지만 가난은 공자보다 더하면 더했지 못

하지는 않았을 정도로 가난한 집에서 태어나고 자랐다. 그렇다고 남을 원망하지는 않았다.

공자가 살던 시대는 상류와 하류 계층에 따른 차이가 분명했다. 하층에서 상층으로 올라가려고 해도 거의 불가능했다. 현대에도 그런 벽이 있지만, 옛날만큼 높지는 않다. 노력하면 어떻게든 극복할 만한 벽이다. 그렇기에 과거보다 남을 원망하는 마음이 수그러들었을지 모른다.

그래도 어느 시대든 가난에는 혹독한 경험이 따라다닌다.

나는 하고 싶은 일이 많았지만 아무것도 할 수 없었다. 그래서 억지인 줄 알면서 혼자 큰 세상으로 나갔고, 그 여파가 부모님과 동생들에게 미쳤다. 일곱 형제의 장남으로 부모님과 동생들을 돌보아야 할 상황이었지만 포기해버렸다. 가족을 힘들게 한 일을 생각하면 지금도 마음이 편치 않다.

가난해도 남을 원망하지 않는다. 이는 어렵다.
부자가 되어도 남을 멸시하지 않는다. 그나마 이쪽이 좀 더 쉽다.

상대의 의도를 파악하는 통찰력의 힘

공자께서 말씀하셨다.

"남이 나를 속일 것이라고 지레짐작하지 않고, 남이 나를 믿지
않을 것이라고 억측하지 않아야 하지만 그래도 먼저 깨닫는
자가 현명하다!"

子曰, "不逆詐, 不億不信, 抑亦先覺者, 是賢乎!"
자왈 불역사 불억불신 억역선각자 시현호

·················· **헌문편(憲問篇)** ··················

직접 만나서 말을 해야만 일 처리가 가능했던 시대의 이야기다.
혹은 처음 만난 상황을 가정하고 조언을 했을지도 모른다. 선입견
에 사로잡히지 않은 냉정한 판단력이 필요하다는 말이다.

지금은 얼굴을 마주하고 이야기하지 않아도 일을 끝낼 수 있는

시대가 되었다. 하지만 마지막 판단을 내리는 것은 역시 '사람'이다. 신뢰할 수 있는 인물인지 아닌지 신중하게 파악하고 대처해야한다. 그렇지 않으면 안 좋은 일에 휘말려서 같이 낭패를 당할 수있다.

나도 경계가 허술해서 그런 비슷한 경험이 있다.

공자는 이 문제에 대해 "남의 말을 살피고 안색을 관찰하라"고말했다. '말을 살피는 것'은 상대의 말 이면에 어떤 의도가 숨어있는지 읽어 내는 일이고, '안색을 관찰하는 것'은 상대의 표정을읽고 속내를 꿰뚫어 보는 일이다.

사람에 대한 깊은 이해가 없으면 살아가기 어렵다는 사람도 있지만, 사람에 대해 깊이 이해하기 위한 전제가 바로 이런 통찰력이다.

공자는 원래 사람을 신뢰하는 편이지만 그런 공자조차 이렇게말했다. 우리의 경우는 더더욱 그렇지 않겠는가.

지금보다 더 사람을 읽을 수 있는 통찰력을 갈고닦아 인생을 유연하게 살아가길 바란다. 이것을 앞으로의 과제로 삼자.

속이고 있지는 않은지, 거짓말을 하고 있지는 않은지,

처음부터 경계하지 않고도 재빠르게

상대의 의도를 알아차린다면 '현자'라고 할 수 있다.

아무리 화가 나도 이치에 맞게 대응한다

어떤 사람이 여쭈었다.

"덕으로 원한을 갚으면 어떻습니까?"

공자께서 대답하셨다.

"덕은 무엇으로 갚겠는가? 정직함으로 원한을 갚고, 덕으로 덕을 갚아야 한다."

或曰, "以德報怨, 何如?" 子曰, "何以報德? 以直報怨, 以德報德."

혹왈 이덕보원 하여 자왈 하이보덕 이직보원 이덕보덕

························· **헌문편(憲問篇)** ·························

남에게 원망을 샀다면 언제 어디서 복수를 당할지도 모른다는 각오를 해야 한다. 이것이 현실이다.

원망에도 여러 가지가 있다. 예를 들어, 무심코 내뱉은 말 한마디가 상대방의 마음에 상처를 줄 수 있다. 이런 경우도 좋지 않다. 상대가 원한을 품고 있다는 것을 안다면 그래도 피할 방법이 있다. 하지만, 앙갚음을 당하고 나서야 깜짝 놀라 알아차린다면 때는 이미 늦었다.

《노자》에는 '원한을 덕으로 갚는다'라는 말이 나온다. 공자가 살던 시대부터 사람들 사이에서 전해지는 이야기라고 한다. 훌륭한 가르침이지만 이상적인 말이라서 일반 사람이 실천하기에는 어렵다. 그런데 공자는 '직으로 원망을 갚아야 한다'라고 했다. 여기서 '직(直)'이란 감정에 휘둘리지 않고 이치에 맞게 대응한다는 의미다. 공자는 역시 매우 상식적인 사람이다.

나라면 어떻게 할까? 아마 상대가 한 말은 잊지 않을 것이다. 하지만 다투기는 싫으니 존중하는 척하면서 가까이하지 않는 쪽을 택할 것 같다.

> 원망은 이치에 맞게 갚고, 덕에는 덕으로 갚는다.

궁지에 몰려도 허둥대지 않는다

진나라에서 양식이 떨어졌을 때 같이 다니던 제자들이 병들어 일어나지 못했다. 자로가 성난 얼굴로 공자를 뵙고 여쭈었다.

"군자도 곤궁할 때가 있습니까?"

공자께서 말씀하셨다. "군자는 곤궁해도 굳게 버티지만, 소인은 곤궁하면 외람된 짓을 한다."

在陳絶糧, 從者病, 莫能興. 子路慍見曰, "君子亦有窮乎?"

子曰, "君子固窮, 小人窮斯濫矣."

재진절량 종자병 막능흥 자로온현왈 군자역유궁호
자왈 군자고궁 소인궁사람의

······· **위령공편(衛靈公篇)** ·······

공자가 유세하며 여러 나라를 돌아다니다가 진(陳)나라에 머물고 있을 때의 일이다. 대국인 초(楚)나라의 초대를 받아 떠나려고 했다. 그러자 진나라는 체면이 서지 않는다고 생각했고, 군사를 보내 막으려 했다. 결국, 공자 일행은 들판에서 앞으로도 뒤로도 가지 못한 채 꼼짝없이 길바닥에 쓰러져 죽기 직전이었다. 이 구절은 그 당시의 이야기다.

공자는 군자란 궁지에 몰린다고 해도 허둥지둥거리지 않는다고 말했다. 허둥지둥하는 것은 어떤 상태를 말하는 걸까?

• 마음이 동요해 냉정한 판단을 할 수 없게 된다.

• 어림짐작도 할 수 없는데 무턱대고 돌아다닌다.

• 하면 안 되는 일을 한다.

이렇게 허둥대면 다시 일어날 기회를 노리기는커녕 오히려 상처가 깊어진다. 위기일 때야말로 당황하거나 소란피우지 말고 침착하게 차근차근 헤쳐나가자. 급할수록 돌아가라는 말도 있지 않은가. 멀리 돌아가는 것도 나름 괜찮을 때가 있다.

군자는 궁지에 몰리면 굳건하게 버틴다.
하지만 소인은 궁지에 몰리면 버둥거린다. 그 점이 다르다.

든든한 친구와의 만남은 결국 나를 위한 일

공자께서 말씀하셨다.

"더불어 말할 만해도 함께 말하지 않는다면 사람을 잃게 되고,
더불어 말할 만하지 않은데 함께 말을 한다면 말을 잃게 된다.
지혜로운 자는 사람을 잃지 않고 말도 잃지 않는다."

子曰, "可與言而不與之言, 失人, 不可與言而與之言, 失言.
知者不失人, 亦不失言."

자왈 가여언이불여지언 실인 불가여언이여지언 실언
지자불실인 역불실언

·························· **위령공편(衛靈公篇)** ··························

공자가 살던 시대에는 친구가 매우 큰 존재였다.

지금은 초등학교에서 대학교까지 어디에든 학교가 있고, 내용

이야 어떻든 배우려고 마음먹으면 배울 곳이 있다. 하지만 공자가 살던 시대는 달랐다. 공자 학당 같은 곳을 제외하면 일반 사람이 배울 수 있는 곳은 어디에도 없었다.

그 대체 역할을 한 것이 바로 '친구'다.

공자는 앞서 학이편(學而篇)에서 '자기보다 못한 자를 벗으로 삼지 말라'고 했는데 바로 이런 배경 때문이다. 그리고 이에 대해서는 《시경》에도 '절차탁마(切磋琢磨)'라는 유명한 사자성어가 있다. 뜻을 함께하는 사람이 서로 결점이나 잘못을 고쳐주고 발전을 도모한다는 의미다.

현대에도 이러한 친구가 한 명이라도 있다면 이것만큼 든든한 것은 없다. 각박한 세상이다 보니 친구 사귀기가 쉽지는 않다. 하지만 끊임없이 노력해야 한다. 모두 자기 자신을 위한 일이다.

그런데 앞의 구절에 등장하는 '지자(知者)'는 단순히 박식한 사람이 아니다. 사람을 읽고 상황을 읽고 앞을 내다보는 그런 통찰력을 갖춘 인물을 가리킨다. 그런 인물은 마땅히 친구로 삼을 만한 상대를 확실하게 자기편으로 끌어안는다.

이야기를 나눌 만한 인물과 만나면서 대화하지 않는 것은
벗을 잃는 일이다. 이야기를 나눌 만하지 않은 인물과
대화하는 것은 말을 낭비하는 것이다.

작은 실수는 가볍게 넘기는 게 낫다

공자께서 말씀하셨다.

"자기 자신에게는 엄중히 책망하고, 남에게는 가볍게 책망하면 원망을 멀리할 수 있다."

子曰, "躬自厚而薄責於人, 則遠怨矣."
자왈 궁자후이박 책어인 즉원원의

위령공편(衛靈公篇)

자신에게 엄격하고 타인에게 관대하라.

이 문구는 어느 시대에나 인간관계의 대원칙이다.

그런데 최근에 자기 허물은 덮어두고 타인의 꼬투리만 잡으려는 사람이 늘고 있다. 어떻게 된 일일까? 이러면 자기 발전은커녕 남의 원망까지 산다. 남의 원한을 사면 언제 어디에서 보복을 당할지도 모른다는 각오를 해야 한다. 전혀 수지타산이 맞지 않는다.

이 문제에 대해서는 앞서 헌문편(憲問篇)에서 '정직함으로 원한을 갚아야 한다'라고 공자도 말하지 않았는가. 복수하면 안 된다고는 하지 않았다. 언제 어디서 누구에게 원망을 살지 모르니 조금 성가신 것은 사실이다. 하지만 보복을 당하고 나서 깨달으면 때는 이미 늦었다.

나는 직업상 중국인과 어울려서 대화를 나눌 일이 많았는데 사교적이고 상냥한 성격을 가진 사람이 많았다. 아마도 타인의 원한을 사고 싶지 않다는 마음이 무의식중에 작용하고 있어서인지도 모른다.

한편으로는 응어리진 마음을 적극적으로 풀려고 하지 않는 사람도 있는데, 사실 그런 사람은 원망을 사는 일에도 둔하다. 아무튼 타인에게 관대해야 한다는 점은 명심하길 바란다.

자신에 대해서는 혹독하게 반성하고, 타인에게는
관대한 태도를 보여라. 남의 원한을 사는 일이 줄어든다.

내가 하기 싫은 일은 남도 시키지 않는다

자공이 여쭈었다.

"평생 실천할 만한 말 한마디가 있습니까?"

공자께서 말씀하셨다.

"아마도 서(恕)일 것이다! 내가 하기 싫은 일을 남에게 시키지 않는 것이다."

子貢問曰, "有一言而可以終身行之者乎?"
子曰, "其恕乎! 己所不欲, 勿施於人."

자공문왈 유일언이가이종신행지자호
자왈 기서호 기소불욕 물시어인

························· **위령공편(衛靈公篇)** ·························

'서(恕)'란 배려하는 마음이다. 공자의 설명은 간결하고 요점이 분명하다. 결국 상대의 마음을 헤아리고 상대편에 서서 생각하라는 것이다.

서(恕)의 반대가 '나만 좋으면 괜찮아'라는 마음이다. 이런 마음을 드러내면 좋은 관계를 만들 수 없을뿐더러 가까이 다가오려는 상대까지 마음을 접고 떠나 버린다.

나 자신을 되돌아보면 어떠했을까? 나는 남과 다투기 싫어하는 성격이라서 기본적으로 배려하는 마음이 있었다. 공자가 말한 것처럼 내가 싫어하는 일을 타인에게 강요한 경험은 더더욱 없었던 것 같다.

하지만 배려하는 마음이 충분했던가?

그렇지는 않았다. 아무래도 나 자신의 길을 헤쳐나가는 일에만 힘을 쏟아부었기 때문에 타인의 마음을 배려할 여유가 없었다.

유독 피를 나눈 가족에게 더 그랬던 것 같다. 좀 더 균형 잡힌 삶을 살 수도 있었을 텐데……. 지금에 와서 후회하지만 때는 이미 늦었다.

배려란 내가 하기 싫다고 생각한 일은
남에게도 시키지 않는 것이다.

뭔가를 이룬 사람은 지금도 배우고 있다

공자께서 말씀하셨다.

"내가 온종일 먹지 않고 밤새도록 자지 않으면서 사색해보았으나 유익함이 없었으니, 배우는 것만 못하였다."

子曰, "吾嘗終日不食, 終夜不寢以思, 無益, 不如學也."

자왈 오상종일불식 종야불침이사 무익 불여학야

·········· **위령공편(衛靈公篇)** ··········

배우고 나서 하는 사색은 중요하다. 하지만 배우지도 않고 사색을 하면 제자리를 맴돌게 될 뿐이다.

배움의 가치에 대해 깨닫게 해주는 말 중에 '오하아몽(吳下阿蒙)'이라는 유명한 말이 있다. 학문이나 교양이 부족하다는 의미인데 자신을 겸손하게 낮출 때 사용한다.

《삼국지》시대, 오(吳)나라에는 여몽(呂蒙)이라는 장군이 있었다. 전쟁에는 굉장히 강했지만, 학문이나 교양이 부족했다. 이런 부분을 지적당한 여몽은 큰 결심을 하고 학문에 정진했는데, 학자도 무색할 정도로 공부에 매진했다.

그 결과, 무력으로 상대를 굴복시키는 싸움 방식을 벗어나 머리를 써서 전략적으로 승리를 거두는 장군으로 훌륭하게 성장했다. 이에 여몽과 이야기를 나눈 선배 장수가 그의 깊은 학식에 놀라면서 말했다.

"그대를 군사전략만 아는 남자라고 생각했지만, 학식도 대단하지 않은가. 이제는 예전의 아몽이 아니구나."

아몽(阿蒙)의 '아(阿)'는 가까운 사이에 이름 앞에 붙여 친근함을 나타내는 접두사다. 참고로, 여몽이 공부한 것은 병법서와 역사서라고 한다.

> 잠도 자지 않고 사색에 잠겨 봤지만, 아무것도 얻을 수 없었다.
> 역시 선인의 가르침에서 배우는 것이 제일 나은 방법이다.

오십부터는 어떤 친구를 사귀어야 할까?

공자께서 말씀하셨다.

"유익한 벗이 세 가지이고 해로운 벗도 세 가지이다. 정직한
사람을 벗하고, 신실한 사람을 벗하고, 견문이 많은 사람을 벗
하면 유익하다. 아첨하는 사람을 벗하고, 겉만 착한 사람을 벗
하고, 빈말을 잘하는 사람을 벗하면 해롭다."

孔子曰, "益者三友, 損者三友. 友直, 友諒, 友多聞, 益矣.
友便辟, 友善柔, 友便佞, 損矣."

공자왈 익자삼우 손자삼우 우직 우량 우다문 익의
우편벽 우선유 우편녕 손의

⸺⸺⸺⸺⸺⸺⸺⸺⸺ **계씨편(季氏篇)** ⸺⸺⸺⸺⸺⸺⸺⸺⸺

서로 편하게 이야기를 나눌 수 있는 상대라면 일단 친구라고
해도 좋다. 이때 어떤 친구를 두었는지에 따라 훗날 인생이 달라

진다.

이로운 친구를 가리키는 '익자삼우(益者三友)'라는 말이 있다. 사귀면 유익한 친구가 세 종류 있다는 의미다.

첫째, '직(直)'이란 강직, 다시 말해 부정한 일을 싫어하는 인물이다. 그런 인물이라면 자신이 잘못된 일을 했을 때 솔직히 지적해준다.

둘째, '량(諒)'은 성실하다는 의미다. 이러한 친구가 있으면 자신도 자연히 감화되어 잘못된 길에서 헤매는 일이 없어진다.

셋째, '다문(多聞)'이란 박식, 즉 정보를 많이 갖고 있다는 뜻이다. 이러한 친구가 있다면 자신을 발전시키는 데도, 냉혹한 인생을 헤쳐나가는 데도 반드시 도움이 된다.

그리고 사귀면 유익하지 않은 인물도 세 종류가 있다. 이런 유형의 사람은 대개 악의는 없다. 그러니 일부러 피할 필요는 없다. 다만 사귄다고 해도 깊은 관계를 맺지 않는 것이 현명하다.

사귀면 좋은 친구는 강직한 사람, 성실한 사람,
박식한 사람이다. 반대로, 쉽사리 친해지려는 사람,
겉으로 친절한 사람, 말뿐인 사람은 피하는 것이 좋다.

윗사람을 대할 때 조심해야 할 3가지 태도

공자께서 말씀하셨다.

"군자를 모실 때 저지르기 쉬운 세 가지 잘못이 있다. 아직 말할 차례가 되지 않았는데 말하니 이를 조급함이라 한다. 말해야 할 때 말하지 않으니 이를 숨긴다고 한다. 안색을 살피지 않고 말하니 이를 눈이 멀었다고 한다."

孔子曰, "侍於君子有三愆. 言未及之而言, 謂之躁.
言及之而不言, 謂之隱. 未見顏色而言, 謂之瞽."

공자왈 시어군자유삼건 언미급지이언위지조
언급지이불언 위지은 미견안색이언 위지고

························· **계씨편(季氏篇)** ·························

공자의 이런 이야기를 읽으면 역시 공자는 인생을 살면서 산전수전 다 겪은 사람이라는 생각이 새삼 든다.

참고로 공자가 조정에 나갔을 때의 모습을 알 수 있는 구절을
살펴보자.

조정에서 하대부들과 말씀하실 때는 즐겁고 편안하게 하셨
고, 상대부들과 말씀하실 때는 공손하면서 정직하게 하셨다.

朝, 與下大夫言, 侃侃如也. 與上大夫言, 誾誾如也.
조 여하대부언 간간여야 여상대부언 은은여야

························ **향당편(鄕黨篇)** ························

여기서 하대부란 자신과 동격의 사람들을 가리키며, 상대부는
윗사람을 가리킨다. 공자의 공손한 태도에는 윗사람에 대한 배려
가 숨어있는 것이다.

상사에게 의견을 말할 때는 지금 기분이 좋은지 나쁜지 안색을
살핀 후에 말을 하라니, 정말 처세술이 뛰어나지 않은가? 조직에
서 윗사람에게 의견을 말할 때는 당연히 이 정도의 배려가 있어야
한다. 아무리 까다로운 사람이라도 이렇게 배려하면 순순히 의견
을 받아줄 것이다.

윗사람의 얼굴색도 살피지 않고 거침없이 말한다면 설령 착한

122

사람이라도 불끈 화를 낼 수 있다. 이런 상황이 되면 잘 마무리될 이야기도 결말이 나지 않는다.

사소한 배려가 큰 차이를 만든다.

윗사람과 이야기할 때 하면 안 되는 일이 세 가지 있다.
그건 바로 경솔함, 숨김, 눈멂이다.

아무리 잘난 사람도 노력해야 얻는다

공자께서 말씀하셨다.

"군자에게는 아홉 가지 생각할 것이 있다. 볼 때는 명확한가를 생각하고, 들을 때는 확실하게 들었는가를 생각하고, 안색은 온화한가를 생각하고, 태도는 공손한가를 생각하며, 말은 진실한가를 생각하고, 일할 때는 진지한가를 생각하고, 의문이 들 때는 물을 것을 생각하고, 화가 치밀면 후환을 생각하고, 이득을 보면 의로운 것인가를 생각한다."

孔子曰, "君子有九思. 視思明, 聽思聰, 色思溫, 貌思恭, 言思忠, 事思敬, 疑思問, 忿思難, 見得思義."

공자왈 군자유구사 시사명 청사총 색사온 모사공 언사충 사사경 의사문 분사난 견득사의

계씨편(季氏篇)

이 아홉 가지 목표를 대충 훑어보면 별것 아니라는 생각이 들 수도 있다. 하지만 자기 자신을 되돌아보면 그렇게 단순한 일이 아니라고 깨닫게 될 것이다.

《논어》에는 군자라는 말이 종종 등장하는데 어떤 인물인가 하면 젠틀맨, 즉 신사와 많이 겹친다. 다시 말해, 능력도 있고 덕도 갖춘 인물을 가리킨다. 이 구절에 나오는 '구사(九思)'는 군자라면 그래야 한다는, 군자의 조건을 말한다.

새삼 나 자신을 되돌아보니 구사(九思)의 반 정도라도 갖추고 있는지 자신이 없다. 아마도 나만 그렇지는 않을 것이다. 아무리 잘난 사람이라도 한두 가지 정도는 충분하지 않다고 생각하지 않겠는가.

공자는 잘난 사람도 아직 부족한 사람도 군자의 조건을 목표로 삼고 노력하기를 기대했다. 각자가 자기 나름의 과제를 깨닫고 도전한다면 공자도 기뻐하지 않겠는가.

앞으로도 열심히 노력해보자.

군자라면 이익을 봐도 옳은 길에서 벗어나지 않도록 해야 한다.

작은 습관의 차이가 인생을 바꾼다

공자께서 말씀하셨다.

"타고난 본성은 서로 비슷하나, 습성은 서로 멀어진다."

子曰, "性相近也, 習相遠也."

자왈 성상근야 습상원야

양화편(陽貨篇)

타고나는 것이 아니라 그 후의 습관의 차이라고 하면 바로 떠오르는 것이 '맹모삼천(孟母三遷)'이라는 고사성어다. 공자의 가르침을 이어받아 유학을 완성한 맹자(孟子)에 관한 이야기다.

맹자는 어릴 때 아버지를 여의고 어머니 손에서 자랐다. 우연하게도 맹자의 집은 묘지 근처에 있었고, 어린 맹자는 장례식을 흉내 내면서 놀았다. 아들의 교육을 걱정한 어머니는 집을 팔고 시장 근처로 이사를 했다. 그러자 이번에는 장사 흉내만 냈다. 그래서 이번엔 다시 학교 옆으로 이사했고, 이번에는 제례나 의례 흉내를 내면서 놀게 되었다.

결국, 맹자의 어머니는 '우리 아들의 교육에는 이곳이 가장 좋겠다'라면서 그곳에 자리를 잡았다. 맹자의 어머니가 아들의 교육을 위해 공부할 수 있는 환경을 만들어줬다는 이야기다.

맹자와 비교하는 것은 아니지만 내가 어렸을 때는 집에 읽을 만한 책이 없었다. 책이라고는 학교 교과서뿐이었다. 그래서 교과서 정도는 읽었지만 다양한 책을 읽는 습관은 익히지 못했다.

내가 열심히 책을 읽게 된 것은 대학에 들어가면서부터다. 뒤처진 지식을 만회하려고 노력했지만, 그냥 마구잡이로 읽어 어떤 지식도 내 것이 되었다는 느낌은 없다.

책 읽는 습관 역시 어릴 때부터 몸에 배어야 한다. 나는 이미 때가 늦었던 모양이다.

> 타고난 소질에는 크게 차이가 없다.
> 그 후의 습관이 달라서 큰 차이가 나는 것이다.

아무 일도 하지 않고 무엇을 바라는가?

공자께서 말씀하셨다.

"온종일 배불리 먹고도 마음 쓰는 일이 없다면 참으로 딱한 일이다! 장기와 바둑이 있지 않은가? 그런 것이라도 하는 것이 안 하는 것보다 낫다."

子曰, "飽食終日, 無所用心, 難矣哉! 不有博奕者乎? 爲之猶賢乎已."

자왈 포식종일 무소용심 난의재 불유박혁자호
위지유현호이

················· 양화편(陽貨篇) ·················

공자는 산전수전 다 겪은 사람인 만큼 사물에 대한 이해력이 아주 높다. 두뇌는 평소에 적당한 훈련을 하지 않으면 반드시 녹슬게 된다. 특히 노년기가 되면 치매도 빨리 올 수 있다. 가능하면 좀 더 품격 있는 일에 머리를 쓰면 좋겠지만, 공자는 장기나 바둑 같은 놀이도 그 나름대로 장점이 있다고 말한다.

나도 젊었을 때는 마작을 좀 두기도 했는데 얼마 못 가서 그만됐다. 그 이유는 이런 놀이를 할 때는 단돈 얼마라도 습관적으로 걸게 되기 때문이다. 그런 점이 체질에 맞지 않았다.

앞서 말했다시피 나는 체질적으로 다른 사람과의 싸움을 피하고 싶어 한다. 마작도 크게 잃지만 않으면 괜찮다고 생각해서 안전하게 적은 돈을 걸곤 했는데, 주위에서는 '접대 마작'이라고 놀렸다. 이런 식으로 했으니 재미있을 리가 없었다.

불행인지 다행인지 내 직업은 있는지 없는지도 모르는 지혜를 억지로 쥐어짜 내는 일이다. 굳이 마작에 의지할 필요는 없었다. 게다가 기분 전환으로 할 수 있는 골프 같은 취미도 있어서 괜찮다.

온종일 먹기만 하고 머리를 쓰지 않으려는 자들은
정말 어찌할 도리가 없다.

공자께서는 어떤 사람을 미워하십니까?

자공이 여쭈었다.

"군자도 미워하는 것이 있습니까?"

공자께서 대답하셨다.

"미워하는 것이 있다. 남의 허물을 말하는 자를 미워하고, 밑에 있으면서 윗사람을 비방하는 자를 미워하고, 용맹스럽기만하고 예의가 없는 자를 미워하고, 과감하지만 융통성이 없는자를 미워한다."

子貢曰, "君子亦有惡乎?" 子曰, "有惡. 惡稱人之惡者,
惡居下流而訕上者, 惡勇而無禮者, 惡果敢而窒者."

자공왈 군자역유오호 자왈 유오 오칭인지악자
오거하류이산상자 오용이무례자 오과감이질자

정말 옳은 소리라서 완전히 공감한다. 다만 나는 이런 유형의 사람과 만난 적이 없다. 아니, 다시 생각해보니 만난 적이 있었더라도 경계하고 멀리해 사귀지는 않았을지도 모른다.

처지를 바꿔 나 자신은 어땠는지 생각해보니 꽉 막혀 협조적이지 않았던 점이 마음에 걸렸다. 사별한 아내에게 자기중심적이라고 비난받은 일이 떠올랐기 때문이다.

돌이켜보니 나에게는 그런 면이 있었다. 가족에게는 유난히 그랬을지도 모른다. 어쨌든 그 당시의 나는 혼자 힘으로 나의 길을 개척해나가려고 고군분투했다. 가족이나 주변 사람의 마음을 헤아릴 여유가 없었다. 그래서 아내는 내가 자기중심적이라고 생각했을 것이다.

지금에 와서 미안해해도 아무 소용이 없거늘. 인생에는 후회되는 일이 참 많다.

> 타인의 결점을 일부러 말하는 사람, 뒤에서 상사의 험담을 하는 사람, 혈기가 넘쳐 도가 지나친 사람, 제멋대로여서 협조를 못 하는 사람. 이런 자들을 싫어한다.

이제부터라도 원망을 사지 말 것

주공이 아들 노공에게 말했다.

"군자는 친족을 외면하지 않고, 대신들이 자신들을 기용하지 않는다고 원망하게 만들지 않고, 오래된 사람은 큰 잘못이 없으면 버리지 않고, 한 사람에게 모든 것을 갖출 것을 요구하지 않는다."

周公謂魯公曰, "君子不施其親, 不使大臣怨乎不以, 故舊無大故, 則不棄也, 無求備於一人."

주공위로공왈 군자불이기친 불사대신원호불이 고구무대고 즉불기야 무구비어일인

·················· **미자편(微子篇)** ··················

주왕조(周王朝)는 문왕(文王)대에 세력을 키워 그 아들 무왕(武王)대에 은왕조(殷王朝)를 멸망시키고 세운 나라다.

이런 이대에 걸친 업적에 도움을 준 사람이 무왕의 동생인 주공(周公)이다. 게다가 무왕이 즉위한 지 2년 만에 죽고 그 아들인 성왕(成王)이 어린 나이에 임금으로 추대되자 주공은 성왕의 대행으로서 국정을 도맡아 관리하며 왕조의 기초를 굳혔다. 공자가 가장 존경한 정치가가 바로 주공이다.

머지않아 주공은 오랜 공적을 높이 사 노공(魯公)으로 봉해졌다. 하지만, 자신은 중앙 정치로 너무 바빠서 자기 대신 아들인 백금(伯禽)을 파견하기로 했다. 그때 아들에게 한 말이 바로 이 말이다.

지도자로서 유의해야 할 점 네 가지를 꼽고 있다. 주목할 것은 두 번째인 신하들에게 원망을 듣지 않는 일과 네 번째인 과도한 기대를 하지 않는 일이다. 나름대로 해석해보면 다음과 같다.

- 중신들의 협력을 얻어야 한다.
- 각각의 장점을 끌어내야 한다.

아들인 백금은 지도자로서 아직 미숙했을 것이다. 그런 아들을 위한 아버지의 세심한 배려가 아니었겠는가. 덕분에 백금은 노나라를 잘 다스렸다고 한다.

아랫사람에게 무시당했다는 불만을 품게 해서는 안 된다.

또한, 한 사람에게 과도한 기대를 걸어서는 안 된다.

윗사람에게 말할 때는 요령이 있다

자하가 말했다.

"군자는 신뢰를 얻은 다음에 백성을 수고롭게 하는 것이니 신뢰를 받지 못하면 자신을 해친다고 여긴다. 신뢰를 얻은 다음에 윗사람에게 간언하는 것이니 신뢰받지 못하면 자신을 비방한다고 여긴다."

子夏曰, "君子, 信而後勞其民, 未信則以爲厲己也, 信而後諫, 未信則以爲謗己也."

자하왈 군자 신이후로기민 미신즉이위려기야 신이후간 미신즉이위방기야

·············· **자장편(子張篇)** ··············

간언, 즉 윗사람에게 충고하는 일은 어느 시대라도 어렵다. 자칫 잘못하면 엄청난 보복을 당하기 때문이다. 가능하면 그런 일을

하지 않고 해결하면 좋겠지만 꼭 간언해야 하는 상황도 있다. 어떻게 하면 좋을까?

《한비자韓非子》에는 간언의 다섯 가지 비법이 나와 있다.

- 상대의 마음을 읽는다.
- 상대의 신뢰를 얻는다.
- 상대의 심기를 거스르지 않는다.
- 자신의 상황이나 처지를 생각한다.
- 상대의 정곡을 찌르지 않는다.

그러면서 이렇게 당부했다.

"용이라는 동물은 길들이면 사람이 탈 수 있을 정도로 얌전하다. 하지만 목 아래에 한 자 정도 비늘이 거꾸로 나 있는데, 이것을 건드리려고 하면 반드시 사람을 물어 죽인다. 군주에게도 이런 역린(逆鱗)이 있다. 역린을 건드리지 않도록 이야기하는 방법이 간언의 비결이다."

이것만 주의해서 간언한다면 우선은 합격이다.

그렇다고 해도 정면으로 거침없이 말하는 것만이 능사는 아니다. 돌려 말하면서 넌지시 암시하는 재주도 있어야 한다.

아무래도 성격이 안 맞는다면 포기하고 물러나는 선택도 있지 않은가. 꼭 밀어붙일 필요는 없다.

군자는 충분한 신뢰를 얻은 후에 간언한다. 신뢰받지 못하면서 간언을 하면 상대가 자신의 험담을 한다고 생각한다.

'이건 비밀인데'라는 말까지 얻어내는 사람

공자께서 말씀하셨다.

"천명을 알지 못하면 군자가 될 수 없고, 예를 알지 못하면 설 수 없으며, 말을 알지 못하면 사람을 알 수 없다."

子曰, "不知命, 無以爲君子也, 不知禮, 無以立也, 不知言, 無以知人也."

자왈 부지명 무이위군자야 부지례 무이립야 부지언 무이지인야

·························· **요왈편(堯日篇)** ··························

인생을 제대로 살아내기 위해서는 세 가지 과제가 있다.

우선 '천명(天命)'은 하늘의 뜻이다.

선인들은 인간사회의 여러 가지 일에는 모두 천명이 작용한다

고 생각했다. 천명으로 보면 인간의 힘은 아주 미미한 것에 불과하다. 예를 들어, 역경에 처했을 때 잘못 바둥거리면 오히려 점점 늪에 다리가 빠져 상처가 깊어지는 꼴이 된다. 하늘의 뜻으로 받아들이고, 서서히 반격을 꾀하면서 굴하지 않고 꾸준히 노력하면 결국 종착역에 도달할 수 있다.

다음으로 '예(禮)'는 사회인으로서의 소양이다.

윗사람을 어떻게 모실지, 아랫사람을 어떻게 대할지, 모두가 예(禮)에 해당한다. 예가 부족하면 원만한 관계를 만들 수 없고 사람들이 멀리하게 된다. 나도 그런 경험이 있다.

마지막 과제인 '언(言)'은 대화 능력을 말한다.

소통 능력이 부족하면 상대가 어떤 사람인지 파악하기 어렵다. 더욱이 '이거 비밀인데'라며 사람들이 은밀하게 말하는 정보를 얻을 수 없다.

대화 능력이 부족하면 인간을 이해할 수 없다.

論語

성공하려고
달려왔는데…

무엇이 진정
잘 사는 것이냐

2부

인생이
든든해지는 전략
《손자병법》

《손자병법》과 공자의 말을
'함께' 읽는다면 실수가 없다

3강

오십의 분발
적을 알고 나를 알면 절대 지지 않는다

무슨 일이든 기본을 파악하는 게 먼저

손자가 말했다.

"전쟁은 국가의 중대사이고 생사가 걸렸으며 존망이 결정되는 길이니 깊이 살피지 않을 수 없다. 그러므로 다섯 가지 사항을 헤아리고, 일곱 가지 항목을 비교하여 세세한 정황을 살펴야 한다."

孫子曰, "兵者, 國之大事. 死生之地, 存亡之道, 不可不察也. 故經之以五事, 校之以七計, 而索其情."

손자왈 병자 국지대사 사생지지 존망지도 불가불찰야 고경지이오사 교지이칠계 이색기정

·················· **시계편(始計篇)** ··················

《손자병법》에서는 싸움을 할지 말지를 결정할 때 일곱 가지 조건을 제시한다.

첫째, 군주는 어느 쪽이 정치를 잘하고 있는가

국내 정치가 삐걱거린다면 전쟁할 처지가 못 된다. 무리하게 전쟁을 시작해도 승산은 매우 희박하다.

둘째, 장수는 어느 쪽이 유능한가

싸움을 지휘하는 것은 장수다. 승패는 그 수완 여하에 달려 있다.

셋째, 기상과 지리는 어느 쪽에게 유리한가

기상과 지리도 승패를 크게 좌우하니 면밀하게 따져보고 시작한다.

넷째, 법령은 어느 쪽이 철저한가

나라를 정비하려면 법을 빼놓을 수 없다. 마찬가지로 조직도 법이 중요하다.

다섯째, 군대는 어느 쪽이 우수한가

굳이 말할 필요도 없이 당연히 살펴야 할 기본 조건이다.

여섯째, 병사는 어느 쪽이 잘 훈련되어 있는가

훈련되어 있지 않은 병사는 그저 오합지졸에 불과하다.

일곱째, 상벌은 어느 쪽이 공정한가

이처럼 싸움을 결정하는 일곱 가지 조건을 검토하면, 승패를 전망할 수 있다.

무언가를 놓고 싸우는 일은
세심하게 검토하고 시작해야 한다.

필히 승리하는 자, 명장의 조건은 무엇인가?

장수란 지혜, 신뢰, 인애, 용기, 위엄을 갖춰야 한다.

將者, 智信仁勇嚴也.

장자 지신인용엄야

장수가 갖춰야 할 다섯 가지 조건을 살펴보자.

• 지(智, 知)

'지'란 단순한 지식이 아니라 승산의 여부를 판별하는 능력이다. 통찰력 또는 앞을 내다보는 능력이라고도 한다. 이를 갖추려면 선인의 지혜를 배우고 스스로 경험을 쌓아야 한다.

• 신(信)

'신'은 거짓말을 하지 않고 약속은 반드시 지키는 일이다. 장수가 한 입으로 두말을 한다면 부하는 누구도 따르지 않는다. 그러니 역시 상과 벌을 명확하게 하는 것이 바람직하다.

• 인(仁)

'인'은 배려하는 마음으로 따뜻한 마음이라고 해도 좋다. 인을 갖추면 부하도 장수를 위해 분골쇄신(粉骨碎身)하게 된다.

• 용(勇)

'용'은 용기, 나아가 결단력이다. 단 앞으로 나가는 것만이 용기가 아니다. 상황이 자신에게 불리하다고 판단될 때 후퇴 결단을 내리는 것이 오히려 더 큰 '용'을 필요로 한다.

• 엄(嚴)

'엄'은 엄격한 태도를 말한다. 통솔력은 '인(仁)'만으로는 부족하다. 그래서 엄격함이 필요하다.

장수가 다섯 가지 조건을 제대로 갖추면, 비로소 명장(이름난 장

수)이 될 수 있다. 이런 다섯 가지 장수의 조건은 현대 리더에게도

적용할 수 있지 않겠는가.

장수는 지(智), 신(信), 인(仁), 용(勇), 엄(嚴),

이렇게 다섯 가지 조건을 갖춘 인물이 되어야 한다.

삶은 속고 속이는 싸움의 연속이다

병법은 상대를 속이는 것이다.

兵者, 詭道也.

병자 궤도야

················· **시계편(始計篇)** ·················

'서로 속인다는 것'이 고상한 표현은 아니다.

도대체 어떤 의미일까? 먼저 손자의 설명에 귀를 기울여보자.

"예를 들면, 할 수 있어도 못하는 척하고 필요해도 필요 없는 척한다. 멀어지는 척하면서 가까이 가고 가까이 가는 척하면서 멀어진다. 유리하다고 생각하게 만들어 유인하고 혼란스럽게 해서 공격한다. 적이 탄탄하면 물러서서 대비를 굳건히 하고 적이 강하면 싸움을 피한다.

일부러 도발해서 기운이 빠지게 하고 저자세로 나가 방심하게 만든다. 적이 충분히 휴식을 취하면 바쁘게 만들어 지치게 하고 적이 단결하면 이간질한다."

참으로 만만찮은 심리전이지 않은가!

물론《손자병법》은 이러한 심리전을 전쟁터에 한정해서 말하고 있다. 하지만 인생 또한 전쟁이라는 전제하에 이러한 심리전을 좀 더 확대해서 인간관계에 적용하면 어떻게 될까?

사실 속임수란 사기와 다름없고 일반적으로 비난받는다. 우리는 보통 사기친 쪽을 일방적으로 비난하고 사기당한 쪽을 동정한다. 하지만 이런 대응은 왠지 안이하게 느껴진다.

속임수를 파악하는 일은 리더의 중요한 요건 중 하나라고 할 수 있다. 속임수를 파악하지 못하면 상대가 싸움을 걸어왔을 때 막을 방법이 없기 때문이다. 그렇게 되면 조직을 지킬 수 없을뿐더러 자기 자신조차 지킬 수 없지 않겠는가?

인생에는 굴곡이 있다. 앞으로 어떤 속임수가 기다리고 있을지 모른다. 자기방어 능력을 갖춰야 한다.

원래 전쟁이나 인생은 심리전이다.

서로 속고 속이는 것이다.

승산 없는 싸움은 피하는 것이 이기는 것

승산이 많으면 승리하고, 승산이 적으면 승리하지 못할 것인데, 하물며 승산이 없다면 어찌 되겠는가.

多算勝, 少算不勝, 而況於無算乎.

다산승 소산불승 이황어무산호

················· **시계편(始計篇)** ·················

우리는 걸핏하면 '일단 한번 부딪쳐 보자'라면서 무턱대고 도전해왔다. 예나 지금이나 이런 성향은 크게 달라지지 않았다. 무기를 들고 싸우는 전쟁에만 해당하는 이야기가 아니다.

공자는 지나친 혈기로 분별없이 돌진하는 사람을 보고 포호빙하(暴虎馮河), 즉 맨손으로 호랑이에게 맞서고 걸어서 황하강을 건너는 무모한 용기라면서 비판했다.

《노자》또한 '과감하게 행동하지 않는 용기가 있으면 살아남는 다'라면서 한발 물러서는 용기를 높게 평가했다.

실제로 되든 안 되든 무분별하게 뛰어든다면 본전도 건지지 못한다. 승산이 서지 않을 때는 일단 한 발짝 뒤로 물러서야 한다. 그렇게 전력을 잘 보존하고 있으면 다음 기회가 왔을 때 승부를 걸어볼 수 있지 않겠는가. 이것이 《손자병법》의 기본 철학이다.

승산에서 '산(算)'이란 계산의 '산'이다. 손자가 주장하는 것은 확실하게 계산이 서면 행동하라는 것이다. 그런데 우리는 이해득실을 잘 따지는 사람을 계산적이라면서 꺼린다.

하지만 좀 이상하지 않은가? 무엇보다 계산에 약하면 제대로 된 인생 설계를 할 수 없다. 이러면 현명한 삶이 아니다.

사업을 시작하는 상황에서도 마찬가지다. 좋은 점과 나쁜 점, 이 두 부분을 꼭 검토하고 심사숙고한 후에 결단을 내리고 실행에 옮겨야 한다.

승산이 많은 쪽이 이기고 적은 쪽이 진다.
하물며 승산이 전혀 없다면 말할 필요도 없다.

체면에 집착하지 말고 일찌감치 단념해야 할 때

전쟁에서 미흡하더라도 속전속결하라는 것을 듣기는 했으나,
교묘하게 오래 끌었다는 것은 아직 보지 못했다. 무릇 전쟁을
오래 끌어 나라에 이로웠던 적은 아직 없다.

故兵聞拙速, 未睹巧之久也. 夫兵久而國利者, 未之有也.

고병문졸속 미도교지구야 부병구이국리자 미지유야

·········· **작전편(作戰篇)** ··········

어째서 장기전은 피해야 할까?

《손자병법》은 그 이유에 대해 간결하고 분명하게 보여준다.

"설령 싸워서 승리를 거둔다고 해도 장기전이 되면 군은 피폐해
지고 사기가 떨어진다. 성을 공격해봤자 전력이 바닥날 뿐이다. 장

기간에 걸쳐 군을 전장에 붙잡아 두면 국가 재정은 파탄이 난다. 이렇게 군은 지쳐 사기가 떨어지고, 전력은 고갈되고, 재정 위기가 닥치면 그 틈을 타서 다른 나라들이 공격해 온다. 이런 상황에서는 아무리 지혜가 뛰어난 사람이라도 사태를 수습할 수 없다."

어떤 강국도 이런 상황에서는 고생한다는 것을 역사를 통해 알 수 있다. 가령 불리한 조건이라고 해도 체면에 집착하지 말고 일찌감치 단념하는 것이 현명한 대응일 수 있다.

아주 오래전에 지인 중에 회사를 경영하는 사람이 있었다. 새로운 분야에 진출하려고 계획했지만, 완전히 실패해서 꽤 큰 타격을 입었다. 그때서야 지인은 "물러날 타이밍을 잘못 판단했다네. 좀 더 빨리 철수했어야 했어"라고 말했다. 제때 물러서지 못한 걸 후회하던 모습이 아직도 기억난다. 소용돌이 속에 있으면 좀처럼 냉정한 판단을 내리기 어려운 법이다.

> 단기전으로 나가 성공한 사례는 들어봤어도
> 장기전으로 끌고 가서 성공한 사례는 알지 못한다.

적일지라도 벼랑 끝으로 내몰지 말라

무릇 용병에서는 나라를 온전하게 보전하는 것이 상책이고,
나라를 파괴하는 것은 그다음이다.

凡用兵之法, 全國爲上, 破國次之.

범 용병지법 전국위상 파국차지

·············· **모공편(謀攻篇)** ··············

적국을 파괴하지 않고 항복시키는 것이 왜 상책일까?
두 가지 이유를 꼽을 수 있다.

첫째, 파괴하고 철저하게 무너뜨리려고 하면 상대도 그렇게 하
도록 보고만 있지는 않겠다며 안간힘을 쓰고 저항한다. 그러면 아
무리 잘 싸운다고 해도 우리 편도 큰 손해를 각오해야 한다. 이는

현명한 전략이 아니다.

둘째, 오늘의 적이 내일의 동지가 되어 함께 제삼의 적과 싸울 일이 생길지도 모른다. 그렇다면 지금, 막상 싸우고 있다고 해서 완전히 파괴하는 것은 좋은 전략이 아니다. 오히려 상대의 전력을 그대로 보존해 놓는 편이 길게 봤을 때 유리한 전략일 수 있다.

이러한 배려는 전쟁뿐만 아니라 인간관계에 대처하는 방법에도 참고할 수 있다. 사소한 시비로 말다툼하다 큰 싸움으로 번지는 일이 있다. 중요한 것은 그 후의 대처방식이다. 서로 외면하고 말도 하지 않는 상황이 된다면 최악이다. 그런 싸움은 손해만 볼 뿐 아무 도움이 안 된다. 만약 싸우게 되더라도 나중에 응어리가 남지 않는 싸움을 하거나 결과적으로 서로 한층 더 이해할 수 있는 싸움을 해야 한다. 이것도 손자의 병법에 꼭 들어맞는 대응이다.

> 상대에게 손해를 입히지 않고 항복시키는 것이 상책이다.

싸우지 않고 항복시키는 것이 최선이다

백 번 싸워 백 번 승리하는 것은 최선이 아니며, 싸우지 않고
적을 굴복시키는 것이 최선이다.

百戰百勝, 非善之善者也, 不戰而屈人之兵, 善之善者也.
백전백승 비선지선자야 부전이굴인지병 선지선자야

················· **모공편(謀攻篇)** ·················

싸우지 않고 이기는 것은 어떤 것일까?

• 외교 교섭을 통해 상대의 의도를 파악하고 미리 봉쇄한다.

• 모략을 꾸며 상대의 내부 붕괴를 유도한다.

이 두 가지가 성공하면 군사 행동을 하는 것보다 확실히 적은
비용과 동력으로 목적 달성이 가능하다. 다시 말해, 힘으로 굴복

시키는 것이 아니라 머리로 이기는 방법이다.

예부터 '명장'으로 불리는 사람들은 모두 이렇게 싸우지 않고 이기는 전략을 염두에 두고 쓸데없는 싸움을 피했다.

《삼국지》에 등장하는 제갈량(諸葛亮)의 적수인 사마의(司馬懿)를 살펴보자. 제갈량이 이끄는 군대가 공격해 왔을 때 사마의의 군대는 철저하게 방어만 하면서 싸움을 피했고 어떤 도발에도 싸우려고 하지 않았다. 제갈량 군대의 약점인 식량 보급 문제를 제대로 파악하고 있었기 때문이다. 그대로 놔두면 상대는 후퇴할 수밖에 없는데, 섣불리 싸우면 아군도 손해를 입는다. 사마의는 그런 싸움은 어리석다고 판단한 것이다.

그래서 사마의와 제갈량의 대결은 줄곧 대립만 계속되었다. 이는 사마의의 의도대로 된 것이다. 결국, 제갈량은 목표를 이루지 못하고 우장위안(五丈原, 중국 서남쪽에 있는 유명한 전쟁터)에서 쓰러졌지만, 사마의는 성공적인 작전으로 목적을 달성했다.

백 번 싸워 백 번 이겼다고 해도 최선책이라고 할 수 없다.
싸우지 않고 항복시키는 것이 최선책이다.

무모하게 싸움을 걸면 적의 먹잇감이 된다

적은 병력으로 무리하게 싸우면 강한 병력에 의해 사로잡히
게 된다.

故小敵之堅, 大敵之擒也.

고소적지견 대적지금야

모공편(謀攻篇)

과거의 전쟁은 일선 병사들의 개인 역량에 많이 의존했다. 물론 가장 분발해야 하는 중요한 상황이 되면 죽을힘을 다해 싸워주기를 기대할 수밖에 없다. 하지만 처음부터 병력에만 기대를 거는 작전은 좋은 방법이 아니다. 어딘가 역부족이다.

《손자병법》은 병력을 이용한 전략에 대해 이렇게 말했다.

병력이 열 배라면 포위한다.

병력이 다섯 배라면 공격한다.

병력이 두 배라면 분산시킨다.

병력이 대등하면 용감하게 싸운다.

병력이 열세하면 후퇴한다.

승산이 없다면 싸우지 않는다.

요점은 전력이 우세하지 않다면 일단 도망가서 다음 기회를 노려야 한다는 것이다. 이 얼마나 유연한 대응인가!

기업을 경영할 때나 팀을 운영할 때 "실행해!"라는 지시는 누구라도 내리기 쉽다. 리더의 자질이 있는지 없는지는 형세가 불리하고 열세에 몰렸을 때 어떤 판단을 내리는지로 알 수 있다.

후퇴 시기를 잘 판단하는 것이 뛰어난 리더의 조건이라고 할 수 있다. 여기서 후퇴란 반격을 위한 사전 준비라는 점을 명심하자. 절대로 패배가 아니며, 오히려 다음 승리를 향한 적극적인 전략이다.

막강한 적에게 무모한 싸움을 걸면 적의 먹잇감만 될 뿐이다.

상대를 제압하는 5가지 전략

승리를 판단할 수 있는 다섯 가지가 있다.

故知勝有五.

고지승유오

·························· **모공편(謀攻篇)** ··························

《손자병법》에서 가장 기본이 되는 것은 승산 없는 싸움을 하지 말라는 것이다.

어떻게 승산을 파악할 수 있을까?

다음의 다섯 가지 조건으로 알 수 있다.

첫째, 양쪽의 전력을 분석해서 싸워야 할지 말지 정확하게 판단한다.

이런 판단을 위해서는 항상 냉철하게 생각하고 낙관적인 예측은 피해야 한다.

둘째, 병력에 맞는 방식으로 싸운다.

현대 기업으로 치면 중소기업은 중소기업의 장점을 활용한 전략으로 싸우라는 말이다.

셋째, 공통 목표를 향해 조직적으로 똘똘 뭉친다.

어떤 조직도 내부가 뿔뿔이 흩어지면 잠재적인 힘을 발휘할 수 없다. 조직에 그런 결속력을 만들어 낼 수 있는지 없는지는 리더의 역량에 달려 있다.

넷째, 만반의 준비를 하고 적의 허점을 찌른다.

준비도 제대로 하지 않은 채 무리하게 싸움을 걸면 처음부터 고전을 면치 못한다. 이왕 싸운다면 만반의 태세를 갖추고 상대의 혼란을 틈타야 한다. 이러면 승리할 확률이 훨씬 높아진다.

다섯째, 장수가 유능하고 군주가 장수의 지휘권에 간섭하지 않아야 한다.

유능한 장수를 뽑아 군의 전권을 위임해야 한다.

시대가 바뀌었지만, 이 다섯 가지 조건은 현대에도 적용할 수 있는 부분이 많다.

미리 승리를 예측하려면 다섯 가지 조건을 적용해보면 된다.

적을 알고 나를 알면 절대 지지 않는다

적을 알고 나를 알면 백 번 싸워도 위태롭지 않다.

知彼知己, 百戰不殆.

지 피 지 기 백 전 불 태

·························· **모공편(謀攻篇)** ··························

《손자병법》에서 가장 유명한 구절 중 하나다.

손자는 또한 이렇게 덧붙여 말했다.

"나를 알고 적을 모르면 승패 확률은 반반이다. 적도 모르고 나도 모르면 반드시 패배한다."

이런 가르침이 아니더라도 싸움에서 사전 조사가 필요하다는 것은 누구나 알고 있다. 하지만 머리로는 알고 있어도 막상 실천하려면 쉽지 않다. 뒤늦게 '아차!' 싶어 후회한 적이 얼마나 많은가. 예상 밖의 일이 종종 발생하기 마련이다.

- 조사 부족
- 낙관적 예측
- 선입견

이런 원인들이 겹쳐 잘못 판단하는 일이 많다.

일찍이 마오쩌둥(毛澤東)도 이 구절을 인용해 이런 말을 했다.

"문제를 연구하면서 주관적이거나 한 면만 보거나 표면만 보는 것은 금물이다. 한 면만 본다면 문제를 입체적으로 바라볼 수 없다. 한 부분만 보고 전체를 보지 않는 것은 나무만 보고 숲을 보지 않는 것과 같다. 손자는 군사(軍事)를 논하면서 적을 알고 나를 알면 백 번 싸워도 위태롭지 않다고 말했다. 문제를 바라볼 때 한쪽 면만 보는 사람은 종종 곤경에 빠진다."

비단 싸움뿐만이 아니다. 어떤 결정을 할 때도 객관적이고 냉정한 판단이 필요하다.

적을 알고 나를 안 후에 싸우면 절대로 지지 않는다.

만반의 준비를 한 후 빈틈을 찾는다

예로부터 전쟁을 잘하는 자는 먼저 적이 이기지 못하게 하고,
적을 이길 기회를 기다렸다.

昔之善戰者, 先爲不可勝, 以得敵之可勝.
석지선전자 선위불가승 이대적지가승

·················· **군형편(軍形篇)** ··················

《손자병법》은 또한 이렇게 말했다.

"지지 않는 형세를 만들 수 있는지 없는지는 아군의 태세에 달
렸지만, 이길 기회를 찾을 수 있는지 없는지는 적의 태세에 달렸
다. 그러므로 전쟁을 잘하는 사람이라고 해도 지지 않는 태세를
갖추는 것은 할 수 있지만, 승리의 조건까지는 만들 수 없다."

먼저 만반의 준비를 굳건히 한 후 상대의 빈틈을 찾아 공격으로 전환해야 한다. 이런 상황이라면 반드시 승리한다는 보장이 없지만 적어도 패하지 않는 태세를 만들 수 있다는 의미다.

덧붙여 이런 이야기도 했다.

"승산이 없으면 방어를 굳건히 해야 한다. 반대로 승산이 있을 때는 기회를 놓치지 않고 공격으로 전환해야 한다. 전쟁을 잘하는 자는 방어를 할 때는 병력을 아껴 적이 공격할 틈을 주지 않고, 공격으로 전환했을 때는 기회를 놓치지 않고 공격을 퍼부어 적에게 방어할 여유를 주지 않는다. 그래서 아군은 아무런 손해도 입지 않고 완벽한 승리를 거둔다."

공격인가 방어인가는 결국 처한 상황에 달려 있다. 이 선택을 제대로 하는 것이 훌륭한 장수다. 시대나 나이를 떠나 리더라면 요구되는 능력이다.

현대처럼 변화가 급격한 시대에 살아남으려면 공격과 방어의 결단을 잘하는 것이 중요하다. 신중한 건 좋지만 지나치면 방어에 치우쳐 점점 상황이 나빠진다. 그렇다고 대담하게 나오면 이번에는 수비가 약해진다.

신중함과 대담함의 균형을 유념하도록 하자.

> 승리하는 자는 먼저 아군의 태세를 갖춘 후
> 조용히 적이 무너지기를 기다린다.

힘들이지 않고 자연스럽게 이기는 법

예로부터 소위 전쟁을 잘하는 자는 쉬운 싸움에서 승리한다.
그러므로 전쟁을 잘하는 자는 이겨도 지혜롭다는 명성이나,
용맹하다는 공적이 없다.

古之所謂善戰者, 勝於易勝者也. 故善戰之勝也, 無智名, 無勇功.
고지소위선전자 승어이승자야 고선전지승야 무지명 무용공

─────────────── **군형편(軍形篇)** ───────────────

과거에는 전쟁할 때 작전계획을 제대로 짜지도 않으면서 '그럼,
뒤를 부탁하네'라는 식으로 병사들이 고군분투하기를 기대했다.

당연히 일선에서 용맹스럽게 싸워준다면 좋겠지만, 인간의 노
력에는 한계가 있기 마련이다. 그 한계를 뛰어넘는 일을 요구하면
병사는 피로도가 누적되고 전력도 떨어진다. 장기전이라면 더욱

그렇다.

《손자병법》은 이런 전쟁 방식을 부정했다. '힘들이지 않고 자연스럽게 승리한다'라는 것은 여유롭고 손쉽게 이기는 것이다. 그러니 뛰어난 작전이라든가 훌륭한 결단이라고 칭찬받는 일은 없다. 사실 그런 승리가 가장 바람직하다.

그렇다면, 어떻게 해야 힘들이지 않고 자연스럽게 이길 수 있을까?

- 적과 나의 전력과 상황을 정확하게 분석한다.
- 확실하게 이길 수 있는 작전계획을 세운다.
- 철저하게 준비하고 싸움에 임한다.

적어도 이 조건들이 충족되어야 한다.

일선 병사들의 역량에 기대를 거는 일은 그 후에 해도 늦지 않다.

잘하는 자는 힘들이지 않고 자연스럽게 이룬다.

오십부터는 준비를 완전히 끝내고 도전하라

승리하는 군대는 먼저 승리할 조건을 갖춘 후 전쟁을 시작하고, 패배하는 군대는 먼저 전쟁을 시작한 후 승리하려고 한다.

是故勝兵先勝而後求戰 敗兵先戰而後求勝.

시고승병선승이후구전 패병선전이후구승

.... **군형편(軍形篇)** ....

별것 아니라고 생각할지도 모른다. 하지만 막상 실행하려고 하면 의외로 어렵다.

《삼국지》의 주인공인 위(魏)나라의 조조(曹操)를 예로 들어보자. 조조는 맨몸으로 난세에 뛰어들었지만, 점점 두각을 나타내 가장 거대한 세력으로 성장했다. 조조는 전쟁에 매우 강했다. 그는 항상 '매 싸움에서 반드시 이겨야 하며 군에게 행승(幸勝)은 없다'라는 각오로 싸웠다. '행승(幸勝)'이란 운 좋게 승리한다는 뜻이다.

그리고 조조는 태세를 갖추는 능력도 뛰어났다. 앞날을 대비해 다음과 같이 여러 개의 중요한 포석을 깔아 놓았다.

첫째, 인재를 초대한다.

어떤 방면에 뛰어난 인물이 있다는 이야기를 들으면 바로 사자를 보내 자신의 본진으로 초대했다.

둘째, 자신의 군대를 양성한다.

처음에는 오합지졸에 지나지 않아 패한 적이 많았지만, 패배를 반성하고 그를 발판 삼아 강하고 우수한 군대로 키웠다.

셋째, 식량을 확보한다.

당시에는 재해와 인재가 겹쳐 양쪽 진영이 모두 식량 부족으로 고통을 겪었다. 배가 고프면 싸울 수 없기 때문에 조조는 재빠르게 영지 안에 둔전(屯田)을 설치하고 직접 농사를 지어 군사 식량을 확보했다.

태세를 갖추는 것이란 바로 이러한 일을 말한다.

미리 이기는 태세를 갖추고 싸우는 자가 승리를 거둔다.

정석으로 실력을 쌓아야만 임기응변이 통한다

전세는 기(奇)와 정(正) 두 가지에 불과하나, 그 기정의 변화
는 헤아릴 수 없을 만큼 무궁무진하다.

戰勢不過奇正, 奇正之變, 不可勝窮也.

전세불과기정 기정지변 불가승궁야

························· **병세편(兵勢篇)** ·························

기정(奇正). 원래의 의미를 살펴보면 '정(正)'은 정상인 것이나
일반적인 것, '기(奇)'는 변화하는 것이나 특수한 것이다. 형태로
나타나는 것이 정(正)이고, 형태로 나타나지 않는 것이 기(奇)다.

이를 병법 용어로 바꿔서 알아보자. 정공법은 정(正)이고 기습
작전은 기(奇)이며, 정면공격이 정(正)이라면 측면공격은 기(奇)
에 해당하고, 정규군 싸움이 정(正)이라면 유격부대 싸움은 기

(奇)라고 할 수 있다.

관점을 달리해서 생각하면 정석과 응용 관계에 가깝기도 하다. 무슨 일이든지 정석이 있다. 이 사실을 기억하자. 단, 현실은 그렇게 만만하지 않기 때문에 이걸로 충분하지 않다. 이기려면 임기응변(상황에 따라 즉각 그 자리에서 결정하거나 처리)에 뛰어나야 한다.

임기응변을 배우려면 어떻게 하면 좋을까?

첫째, 실전경험을 쌓는다. 머리뿐만이 아니라 몸에 익히려면 이 방법이 최선이다. 도중에 포기하지 않고 경험을 쌓아가면 저절로 자신만의 요령이나 비결이 생긴다.

둘째, 역사에서 배운다. 역사에는 선인들의 노고가 고스란히 새겨져 있다. 예를 들어, 어떤 장군이 멋진 승리를 거둔 전략 전술, 훌륭한 정치가가 나라를 다스린 정치 철학 등 많은 사례들이 기록되어 있다. 역사를 통해 꼭 배우길 바란다.

> **전략은 정(正)과 기(奇) 두 가지의 조합으로 이루어지는데**
> **그 변화는 무한하다.**

기세를 타면 둘도 되고 셋도 된다

전쟁을 잘하는 자는 이길 수 있는 기세를 찾고 사람에게 책임
을 묻지 않는다.

故善戰者, 求之於勢, 不責於人.

고선전자 구지어세 불책어인

어떤 일이든 기세가 있다. 싸움에도 기세가 있다.

《손자병법》은 이 기세를 몰아 싸우라고 했다. 왜 그럴까? 기세
를 몰아 싸우면 생각지도 못한 힘을 발휘해 그만큼 이길 확률이
높아지기 때문이다.

《손자병법》은 또 이렇게 이야기했다.

"기세를 타면 병사는 비탈길을 구르는 통나무나 돌처럼 생각지도 못한 힘을 발휘한다. 통나무나 돌은 평평한 곳에서는 멈춰 있지만, 비탈길에 놓으면 자연스럽게 움직이기 시작한다. 모양이 사각인 것은 정지해 있지만 둥근 것은 구른다. 기세를 타고 싸우는 일은 둥근 돌을 천 개의 골짜기 아래로 굴리는 일과 같다."

기세를 타지 못하면 하나의 힘은 어디까지나 하나의 힘에 지나지 않는다. 하지만 기세를 타면 둘도 되고 셋도 된다. 그러니 어떻게 기세를 북돋울지가 장수의 큰 과제다.

이것은 무기를 든 싸움뿐만 아니라 인생에도 적용할 수 있지 않을까?

나는 가끔 다양한 기업의 관리직 연수에서 강연도 한다. 이때 접수하는 사람의 대응이나 사원의 표정만 봐도 기세가 있는 기업인지 아닌지 짐작할 수 있다. 수그러든 기세를 북돋는 일은 리더의 책임이다.

개인에게 기세는 일이 순조롭게 흘러가는 상황이다. 이 기세를 잘 잡아 혹독한 세상을 씩씩하게 살아갈 수 있다.

승리하는 자는 기세 타는 일을 중시하고,

한 사람 한 사람의 능력에 지나친 기대를 걸지 않는다.

한 사람 한 사람의 능력에 기대지 말고

기세를 몰아 싸운다.

주도권을 잡는 아주 간단한 방법

전쟁을 잘하는 자는 적을 끌어들이되 적에게 끌려다니지 않는다.

故善戰者, 致人而不致於人.

고선전자 치인이불치어인

상대가 이쪽의 흐름을 타게 하는 것, 다시 말해 주도권을 잡는 것이 승리의 지름길이다.

주도권을 잡기 위해서는 어떻게 하면 좋을까?

일단 먼저 공격하면 이길 확률이 높다. 특히 쌍방에게 중요한 요충지에 먼저 도착해야 한다. 《손자병법》에는 이 상황을 이렇게 말했다.

"적보다 먼저 전장으로 향해 상대를 요격하면 여유를 갖고 싸울 수 있다. 반대로 적보다 늦게 전장에 도착하면 힘든 싸움을 해야 한다."

미리 전쟁터에 도착하면, 마음의 여유를 갖고 싸울 수 있다. 이런 여유가 있다면 판단력도 예리해지고 여러 가지 사태에 냉정하게 대처할 수 있다.

만약, 먼저 도착할 수 없다면 주도권을 아예 잡을 수 없을까? 그렇지 않다. '고노센(검도에서 상대의 기술에 맞춰 대응하는 기술_옮긴이)'이라는 방법도 있지 않은가.

《손자병법》에서도 주도권을 잡기 위한 다양한 방법을 강조했다.

"적이 싸우게 만들려면 그 싸움이 유리하다고 믿게 만들어야 한다. 반대로 적이 싸우지 않겠다고 생각하게 만들려면 싸우면 불리하다고 믿게 만들어야 한다. 따라서 적의 태세에 여유가 있다면 수를 써서 지치게 만들어야 한다. 적의 식량이 충분하다면 식량 수송길을 끊어 굶주리게 한다. 적의 준비가 충분하다면 계략을 이용해서 혼란에 빠뜨려야 한다."

184

이처럼 주도권을 잡을 방법은 얼마든지 있다.

오십부터는 인생의 전략으로 적용해보길 바란다.

승리하는 자는 상대의 작전에 말려들지 않고
역으로 이쪽의 작전에 말려들게 한다.

이제부터는 유연한 사람만 살아남는다

군 형세의 극치는 형태가 없는 경지에 이르는 것이다.

故形兵之極, 至於無形.

고형병지극 지어무형

싸움에 이기려면 아군의 태세는 전적으로 감추고 적의 태세를
알아내야 한다.

《손자병법》에는 이어서 이런 말이 나온다.

"이쪽의 태세가 무형이라면 적의 첩자가 이쪽 진영에 깊이 잠
입해봤자 아무것도 알아낼 수 없고, 적군이 아무리 전략이 뛰어난
들 공격할 단서조차 손에 넣지 못한다."

참고로 적의 태세를 알아내는 방법은 다음과 같다.

- 전쟁 국면을 검토해 아군과 적군의 우열을 파악한다.
- 적을 유인해서 어떤 태세로 나오는지 관찰한다.
- 군사 작전으로 지리상의 급소를 찾아낸다.
- 정찰 작전을 펼쳐 적의 진형의 강점과 약점을 알아낸다.

이런 식으로 적의 태세를 파악하면 아군은 '무형(無形)'이기 때문에 어떤 형태로든 즉시 대응할 수 있고 주도권을 잡아 전투를 유리하게 끌고 갈 수 있다.

따라서 여기서 말한 '무형(無形)'이란 다음과 같은 두 가지 의미를 포함한다.

- 태세를 감춘다.
- 자유자재로 변화한다.

적의 움직임을 손바닥 보듯 훤히 알고, 아군의 움직임을 적에게 들키지 않는다면 승리할 확률은 매우 높다. 이런 무형의 형세를 적극적으로 활용한다.

이상적인 태세란 무형,
즉 상대가 이쪽의 움직임을 알아차리지 못하게 하는 상태다.

오십부터는 물의 흐름에서 배우라

군의 형세는 물의 형상을 본떠야 한다. 물의 형세는 높은 곳을 피하고 낮은 곳으로 흐른다.

夫兵形象水. 水之形, 避高而趨下.

부병형상수 수지형 피고이추하

························ **허실편(虛實篇)** ························

물에는 세 가지 특성이 있다.

• 일정한 형태가 없고 그릇에 따라 형태를 바꾸는 유연성이 있다.

• 저항을 피해 계속해서 낮은 곳으로 흐른다.

• 사용하기에 따라 바위도 깨트릴 수 있는 에너지를 갖고 있다.

《손자병법》에서는 싸우는 방식을 이런 물의 특성에서 배우라고 말한다.

"물에는 일정한 형태가 없는 것처럼 싸움에도 변하지 않는 태세는 있을 수 없다. 적의 태세에 대응해 변화하면서 승리를 쟁취해야만 좋은 용병술이라고 할 수 있다."

물에 주목한 것은《손자병법》뿐만이 아니다.
같은 병법서인《울요자尉繚子》에도 서두에 '승리한 군은 물을 닮아서'라며 이렇게 말했다.

"물은 아주 유약하지만, 앞을 가로막는 것은 구릉이라 할지라도 쳐부순다. 그 이유는 물의 성질에는 집중성과 불변성이 내포되어 있기 때문이다. 지금, 장수가 예리한 무기와 견고한 갑옷으로 무장한 대군을 이끌고, 자유자재로 변화하는 전략을 기반으로 물처럼 행동한다면 천하에 겨룰 자가 없다."

《노자》에서도 역시 물에 주목하고 있는데, '최고의 선은 물과 같다'라면서 이렇게 설명하고 있다.

"이 세상에서 물만큼 약한 것은 없다. 그러나 강자를 이기는 것은 물보다 뛰어난 것이 없다. 부드러움은 강한 것을 이기고 약함은 강한 것을 이긴다. 이러한 도리는 누구나 알고 있지만 실천하는 자는 없다."

이 또한 우리가 인생을 살아가는 데 적용할 수 있지 않겠는가.

물의 흐름에서 배우자.
물은 높은 곳은 피하고 낮은 곳으로 흐른다.

허점을 찾아 문제를 해결하는 법

군의 형세는 실한 곳을 피하고 허한 곳을 쳐야 한다.

兵之形, 避實而擊虛.

병지형 피실이격허

허실(虛實)이란 무엇일까?

병법 용어로 하면 '허(虛)'란 병력이 허술한 상태, '실(實)'이란 병력이 충실한 상태를 가리킨다. 적군의 실(實), 즉 전력이 충실한 부분을 공격하면 손해만 크게 입고 결과도 좋지 않다. 적의 허(虛), 다시 말해 허술한 부분을 찾아내 공격하는 것이 승리하는 길이다. 이에 대해서는《제갈량집諸葛亮集》에 그 심오한 비법이 나와 있다.

192

"적이 굳게 지키려고 하면 그 무방비를 공격한다. 적이 진을 치고 움직이면 그 허를 찌른다."

적이 수비를 견고하게 하면 허점을 공격하고, 진을 치고 움직이기 시작하면 그 허점을 습격한다는 의미다. 적이 어떤 상태라도 공격할 실마리는 얼마든지 있다.

적의 수비가 아무리 탄탄해도 설마 이런 곳은 공격해 오지 않을 거라며 대비를 소홀히 한 부분이 있을 것이다. 그곳에 병력을 집중해 공격을 퍼부으면 의외로 돌파구를 마련할 수 있다.

그리고 이동 중인 적군의 허를 찔러 습격하는 방법도 유용한 공격 전략이다. 아무리 강한 상대라도 당황하게 만들어 무너뜨릴 수 있고, 약한 상대라면 이 일격으로 큰 타격을 줘서 쫓아버릴 수 있다. 이처럼 무방비한 곳을 공격해 허점을 찌르는 방식은 현대에도 충분히 활용할 수 있다. 아무리 어려운 일이라도 대응하기에 따라 극복할 수 있는 열쇠를 반드시 찾을 수 있다.

적의 충실한 곳은 피하고 허술한 곳을 찌르자.

정면 돌파보다 돌아가는 전술이 통할 때

멀리 돌아가면서도 곧바로 가는 것처럼 하고 불리함을 이로움으로 만든다.

以迂爲直, 以患爲利.

이 우 위 직 이 환 위 리

················ **군쟁편(軍爭篇)** ················

우직지계(迂直之計)라는 유명한 고사성어는 여기서 나왔다. 《손자병법》은 이에 대해 다음과 같이 설명했다.

"일부러 먼 길로 돌아가 적이 유리하다고 믿게 만든 후, 기회를 봐서 적보다 늦게 출발하면서도 먼저 도착한다. 이것이 우직지계(迂直之計), 우회하면서 신속히 목적을 달성하는 계략이다."

이런 경우 우회에는 두 종류가 있다.

- 거리의 우회
- 시간의 우회

두 가지 다 적을 안심시켜 방심하게 만드는 전략이다. 그렇게 해놓고 단숨에 공격하는 것이 우직지계(迂直之計)의 목적이다. 적은 한시름 놓고 안심하고 있을 때 공격을 당하기 때문에 심리적인 타격이 아주 크다.

이런 전략을 여러 분야에 응용할 수 있다. 예를 들면, 비즈니스에서 어려움에 부딪혔을 때 정면 돌파하는 것도 좋지만 때로는 우직지계에서 배운 것처럼 빙 둘러 돌아가면 어떻겠는가? 의외로 목적을 빨리 달성할 수 있을지도 모른다.

> 일부러 멀리 돌아가서 적을 안심시키고, 적보다 일찍 목적지에 도착한다. 불리한 것을 유리하게 바꾼다.

움직여야 할 때 망설이는 것은 최악이다

그 빠르기는 바람과 같고, 그 고요함은 숲과 같고 쳐들어가 빼앗을 때는 불과 같고, 움직이지 않을 때는 산과 같아야 한다.

故其疾如風, 其徐如林, 侵掠如火, 不動如山.

고기질여풍 기서여림 침략여화 부동여산

························· 군쟁편(軍爭篇) ·························

군대를 움직이는 요령에 관한 이야기다.

이 구절에서 손자가 말하려고 한 것은 용병술의 '동(動)'과 '정(靜)'의 대비다. 수비에 나섰을 때는 침착하게 자세를 낮춰 허리를 굽히고 방어한다. 일단 공격으로 바뀌면 과감하고 날렵하게 행동한다. 이것이 기본이다.

움직이면 안 될 때 경거망동하고, 움직여야 할 때 우물쭈물 망설이는 것은 최악이다.

이런 대응은 인생을 살아갈 때도 참고가 된다.

운기가 상승해 밀어붙여야 하는 상황이 되면 어떤 일을 해도 잘 될 것 같은 느낌이 든다. 그럴 때는 당연히 적극적으로 치고 나가도 좋다.

하지만 긴 인생에는 운이 따르지 않아 내리막길에 접어들 때도 있다. 그런 상황이 되면 참을성 있게 조용히 기다리는 수밖에 없다. 발버둥을 치는 것은 절대 금물이다. 무턱대고 몸부림치면 상처만 더 깊어진다.

풍림화산(風林火山)의 의미를 확장해서 생각하면 인생을 살아가는 지혜도 얻을 수 있다.

질풍처럼 행동하는가 하면 숲처럼 고요해진다.
활활 타는 불처럼 습격하는가 하면 산처럼 미동도 하지 않는다.

상대의 의욕이 넘치면 일단 피해라

용병을 잘하는 자는 날카로운 기세를 피하고 느슨해졌을 때
공격한다.

故善用兵者, 避其銳氣, 擊其惰歸.

고선용병자 피기예기 격기타귀

························· **군쟁편(軍爭篇)** ·························

전투에서는 병사의 많고 적음으로 승부가 나지 않는다. 병사의
수가 많아도 각각 개인의 의욕이 없고 집단으로 단결이 되지 않으
면 그냥 오합지졸에 불과하다.

반대로 수가 적어도 병사들의 의욕이 충만하고 하나로 단결이
잘 된다면 두려운 상대다.

손자도 '사기가 높고 강한 병사는 공격하지 않는다'라면서 의

욕이 넘치는 적은 공격하지 말라고 경고했다.

하지만 상대가 아무리 사기가 높고 막강한 병사라고 해도 그 기세가 언제까지나 이어지지는 않는다. 고양되었을 때가 있으면 긴장이 풀릴 때도 있고 반드시 기복이 있다.

《손자병법》에서는 '본디 사람의 기력이란 아침에는 왕성하지만, 점심에는 느슨해지고 저녁에는 쉬고 싶어 한다'라고 말했다. 이는 하루의 기복이지만 기세의 기복은 훨씬 긴 주기로 돌아온다. 처음 출정했을 당시는 의욕이 넘치지만, 장기전이 되면 점점 사그라든다. 공격하는 쪽에서는 그 지점을 노려야 한다.

매일 하는 일도 똑같지 않을까? 일에 적응하고 나면 타성에 빠지기도 하고 기력이 사그라든다. 다시 마음을 다잡으려면 '얏!' 하고 기합을 넣어야 한다. 그럴 때는 의욕을 북돋우는 시간이 필요하다.

> 적이 의욕이 넘칠 때는 싸움을 피하고
> 기력이 쇠약해졌을 때 공격한다.

밀면 당기고, 당기면 밀어본다

가까운 곳에서 멀리서 오는 적을 기다리고, 편안함으로 적이
피로해지기를 기다리며, 배부름으로 적의 굶주림을 기다린다.

以近待遠, 以佚待勞, 以飽待饑.

이근대원 이일대로 이포대기

．．．．．．．．．．．．．．．．．．．．．．．．．．．군쟁편(軍爭篇)．．．．．．．．．．．．．．．．．．．．．．．．

《손자병법》은 물의 형세에서 배우라고 한 것처럼 유연함을 강
조한다. 어디에도 억지스러움이 없다. 용병술에 관해 이야기하는
이 구절도 마찬가지다.

게다가 '아군의 태세를 정비하고 적의 흐트러짐을 기다리며 가
만히 숨을 죽이고 적이 싸움을 걸어 오기를 기다린다'라고 했다.
그리고 '대열을 정비해서 오는 적이나 막강한 진을 치고 있는 적

과는 정면공격을 피한다'라며 충고했다.

충분한 휴식을 취하고 적이 지치기를 기다린다. 이런 식으로 싸울 수 있다면 여유롭게 싸울 수 있다. 이것이 바로 '밀면 당기고 당기면 밀어라'라는 식의 유연한 대응이 아닐까?

무리하면 오래 가지 못한다. 끈기 있게 싸우려면 되도록 강행하지 말고 여유 있는 태세를 갖춰야 한다. 과도하게 밀어붙이면 반드시 어딘가에 문제가 생긴다.

나 역시 과거에 그랬다. 조금 지나치다 싶을 정도로 일을 했더니 아니나 다를까 건강이 나빠졌다.

이런 일은 자신이 직접 경험하지 않으면 모른다. 짧은 시간에 승부를 내야 하는 싸움이라면 조금 무리해도 괜찮다. 하지만 장기전을 각오했다면 과하게 몰아붙이지 말고 순리대로 해나가길 바란다.

> 여유를 갖고 유연하게 대응하며
> 끈기 있게 때를 기다린다.

상대가 잘못을 빌면 몰아붙이지 않는다

적을 포위할 때는 반드시 길을 열어주고, 궁지에 몰린 적은 지나치게 몰아붙이지 않는다.

圍師必闕, 窮寇勿迫.
위사필궐 궁구물박

························ **군쟁편(軍爭篇)** ························

완전히 포위된 적에게 왜 이렇게 해야 하는지 의구심이 들 것이다. 그 이유는 도망가는 길이 막힌 적은 '궁지에 몰린 쥐가 고양이를 문다'라는 속담처럼 필사적으로 반격할 위험이 있기 때문이다.

죽을 각오를 한 사람만큼 무서운 것은 없다. 죽을 각오로 부딪혀 오면 설령 이쪽이 대군이라고 해도 큰 손해를 입을 우려가 있다. 자칫하면 대반전이 일어나는 사태가 벌어질 수도 있다. 이는 현명한 대응이 아니다.

이것은 인간관계에도 적용된다. 예를 들면, 다른 사람을 꾸짖는 상황이 생길 수 있다. 상대방이 설 자리조차 없을 만큼 추궁하면 언젠가는 어딘가에서 호된 반격을 당할지 모른다.

중국 속담에 '궁지에 몰린 사람은 반항하고, 개는 울타리를 뛰어넘는다'라는 말이 있다. 훌륭한 비유이지 않은가? 당연히 때와 장소에 따라 남을 꾸짖어야 하는 경우가 있다. 다만 그렇다고 하더라도 도망칠 구멍 정도는 내주고 해야 한다.

아이를 혼낼 때도 주의하자. 큰 소리로 야단치는 것만이 능사는 아니다. 가능하면 칭찬도 섞어가면서 훈계하는 능력을 익혀두길 바란다.

적을 포위했다면 반드시 도망갈 길을 열어두어야 한다.
궁지에 몰린 적이 도망친다면 공격하지 않는다.

만약 꼭 싸워야 한다면 5가지만 기억하길

장수는 군주의 명을 받아 군을 합치고 군중을 모은다.

將受命於君 合軍聚衆.

장수명어군 합군취중

······· **구변편(九變篇)** ·······

군을 이끌고 전장에 나갔을 때 어떤 식으로 싸우면 좋을까?

《손자병법》에서는 다섯 가지를 주의해야 한다고 말한다.

첫째, 길이라도 지나가면 안 되는 길이 있다. 행군이 어려운 곳에는 군을 주둔시키지 말아야 한다.

둘째, 적이라도 공격하면 안 되는 적이 있다. 여러 나라의 세력이 침투해 있는 곳에서는 외교 교섭에 신경을 써야 한다.

셋째, 성이라도 공격하면 안 되는 성이 있다. 적의 영지 깊숙이

침공했을 때는 오래 머무르지 말아야 한다.

넷째, 토지 중에는 다투면 안 되는 땅이 있다. 사방이 적으로 둘러싸여 움직일 수 없는 곳에서는 계략을 써서 재빨리 탈출을 시도한다.

다섯째, 군주의 명령이라도 따르면 안 되는 명령이 있다. 절체절명의 위기에 빠졌을 때는 용감하게 열심히 싸우는 수밖에 없다.

주의사항을 살펴보면 굉장히 유연하면서 곡선적이고 어느 것 하나 과하지 않다. 물론, 정면 돌파해서 과감하게 싸우려는 자세도 칭찬받아 마땅하다.

하지만 아무래도 단순하고 무모한 느낌이 든다. 이런 전술 방식은 한번 벽에 부딪히면 그걸로 끝이다. 그 용맹함에 유연성까지 갖추면 범에게 날개를 달아주는 격이 되지 않겠는가.

인생에서는 싸우는 법을 알아야 이길 수 있다.

4강

오십의 태도
정면 돌파가 어렵다면 허를 찔러라

이론과 실전은 자동차 바퀴와 같다

군을 다스리면서 아홉 가지 변화의 전술을 알지 못하면, 비록 다섯 가지 이익을 알더라도 능히 군사를 활용하지 못한다.

治兵不知九變之術, 雖知五利, 不能得人之用矣.

치병부지구변지술 수지오리 불능득인지용의

································· **구변편(九變篇)** ·································

'오리(五利)'란 장수가 알아야 하는 다섯 가지 주의사항이다. 이 구절에서 이야기하는 것은 이론과 실전 문제다.

이론과 실전은 자동차의 좌우 바퀴와 같은데 사실상 이 두 가지를 모두 겸비하고 있는 사람은 많지 않다. 이론가는 경험이 부족하고 경험에 의지하는 사람은 이론을 대수롭지 않게 여기는 경향이 있다. 어느 쪽도 칭찬받을 만하지 않다.

'대의를 위해서는 아까운 인물이라도 처단해야 한다'라는 의미의 읍참마속(泣斬馬謖)은 굉장히 유명한 말이다.

《삼국지》의 제갈량이 위(魏)나라 영토를 공격하러 북벌에 나서면서 젊은 참모장교인 마속(馬謖)을 선발대의 사령관으로 발탁했다. 하지만 마속은 적의 대군과 맞닥뜨렸을 때 언덕 위에 포진했고, 결국 물이 끊겨서 뻔히 보이는 대패를 당하고 말았다.

마속이 병법을 잘 몰랐을까? 그렇지 않다. 그는 다른 장군보다 훨씬 병법 이론을 꿰뚫고 있었다. 분명《손자병법》에는 '군을 포진할 때는 낮은 지대를 피하고 높은 지대를 선택해야 한다'라고 나와 있다. 물론 이론이 잘못된 것은 아니다. 상황에 맞게 응용할 줄 알아야 진정한 전략이 완성되거늘.

마속은 병법 이론에만 충실한 나머지 패배했다. 경험이 부족한 마속은 이론이 진리인 것처럼 머리에 집어넣었을 뿐, 그것을 임기응변으로 응용할 줄 몰랐다. 실로 안타까운 이론가의 비극이다.

이론을 습득하면서 실전 경험도 함께 쌓아야 한다.

오십부터는 부정과 긍정을 함께 생각한다

지혜로운 자는 반드시 이로움과 해로움을 아울러 생각한다.

是故智者之慮, 必雜於利害.

시 고 지 자 지 려   필 잡 어 리 해

························· **구변편(九變篇)** ·························

지자(智者)란 단순히 박식한 사람이 아니다. 인간을 읽고, 정황을 읽고, 미래를 읽는 통찰력이 몸에 밴 인물을 가리킨다.

지자(智者)는 이로움과 해로움의 양면을 보고 일을 판단한다. 《삼국지》의 제갈량도 비슷한 말을 했다.

"문제를 해결할 때 한쪽 면만 바라보는 태도는 옳지 않다. 즉, 이익을 얻으려면 손해도 계산해야 한다. 성공을 꿈꾼다면 실패했을 때의 상황도 고려해야 한다.”

손무와 제갈량과 같은 이른바 명장이라고 불리는 사람들의 생각은 일치하는 모양이다.

사물을 판단할 때는 너무 낙관적이어도, 반대로 너무 비관적이어도 안 된다. 낙관적인 조건 속에서 부정적인 부분을 찾아내 마음을 다잡고, 비관적인 조건 속에서 긍정적인 부분을 찾아내 희망을 버리지 않아야 한다. 그렇다면, 지자(智者)란 과연 어떤 인물일까? 다른 고전을 살펴보자.

지혜로운 자는 일이 일어나기 전에 안다.

智者見於未萌.

지 자 견 어 미 맹

·························· 《전국책戰國策》 ··························

어떤 일이 움직이기 전에 그 움직임을 파악하고 대책을 세운다. 그러면 미리 재앙을 막을 수 있다. 그런 일이 가능한 사람이 바로 지자(智者)다.

지혜로운 자는 때를 거슬러 이로움을 놓치지 않는다.

智者不培時而棄利.

지 자 불 배 시 이 기 리

·························· 《사기史記》 ··························

좋은 기회에 때를 잘 맞춰 행동하지 않으면 모처럼의 기회를 놓쳐 버린다. 지자(智者)는 그런 어리석은 짓은 하지 않는다.

지혜로운 자는 반드시 이익과 손실 양면에서 사물을 판단한다.

요행을 바라지 말고 준비가 된 나를 믿는다

적이 오지 않을 것을 믿지 말고, 아군이 갖춘 방비 태세를 믿어라.

無恃其不來, 恃吾有以待也.

무시기불래 시오유이대야

미리 대비하면 걱정할 일이 없으니 만반의 태세를 갖추고 임하라는 말이다. 단, 두 가지 주의사항이 있다.

첫째, 낙관적인 전망은 피한다.

제대로 만반의 준비가 되어 있는지 아닌지는 아군과 적군의 관계에 따라 결정된다. 본인은 만반의 준비라고 생각해도 상대가 이쪽의 예상을 뛰어넘는 규모로 공격해 오면 그건 만반의 준비라고 할 수 없다. 그러니 철저하게 나와 상대의 전력을 분석하고 검토해야 한다.

둘째, 요행을 바라지 않는다.

손에 넣을 수 있는 모든 정보를 종합적으로 검토해도 확실하지 않은 부분이 생기기 마련이다. 사람이 하는 일에 완벽이란 있을 수 없다. 더욱이 해야 할 일을 하지 않고 신에게 빌기만 하는 일은 더 말할 가치도 없다. 행운을 기대하지 마라. 최선을 다해야만 하늘도 내 편이 된다.

일을 시작할 때 낙관적으로만 생각한다면 언젠가 현실에서 혹독한 대가를 치르게 된다. 따라서 어떤 상황이 닥쳐도 대처할 수 있게 먼저 확실하게 방어 태세를 갖추고 준비해야 한다.

> 인간관계 역시 상대에게 빈틈을 보이지 않도록
> 현명하게 처신해야 한다.

살면서 경계해야 할 5가지 위태로움

장수에게는 다섯 가지 위태로움이 있다.

故將有五危.

고장유오위

구변편(九變篇)

장수가 경계해야 할 다섯 가지에 대해 살펴보자.

첫째, 죽을힘을 다해 싸우면 정말로 싸우다가 죽음을 맞이한다.

장수에게 필요한 것은 종합적인 판단력이다. 자기 자신이 필사적으로 싸우기보다 부하들이 필사적으로 싸우게 만들어야 한다. 자신이 죽을힘을 다해 싸우고 만족하면 주객이 뒤바뀌는 꼴이다.

둘째, 살려고 발버둥치면 포로가 되기 마련이다.

궁지에 몰려 살려고 하면 도망치거나 포로가 되는 길, 두 가지 밖에 없다.

셋째, 성미가 급해서 화를 잘 내면 적의 술수에 넘어간다.

성미가 급하면 냉정한 판단을 할 수 없다. 성급하게 굴면 결국 자기손해라고 하지 않던가. 그런 성급한 성격을 노리고 적이 공격 하면 변변히 싸우지도 못하고 패하게 된다.

넷째, 청렴결백을 고집하면 적의 도발에 말려든다.

청렴결백에 집착하는 장수는 개인적인 욕심이 없어서 성품이 강직하다. 반면에 고지식하고 융통성이 없다. 임기응변으로 대응 하는 능력이 떨어지기 마련이다.

다섯째, 민중을 지나치게 사랑하면 신경쇠약에 걸린다.

병사를 너무 아낀 나머지 이런저런 사소한 일까지 신경을 쓰게 된다. 그러면 정작 중요한 싸움에서 전력을 다할 수 없다.

장수가 빠지기 쉬운 위험 요소이자 전쟁을 치르는 데 방해가 되는 일들을 잘 알아두자.

무엇이 위태로움인지 미리 알고 대비해야 한다.

모든 싸움은 밀고 당기는 심리전

적이 겸손하게 말하면서도 준비하는 것은 진격하려는 것이
다. 적이 강경하게 말하면서 진격하는 것은 후퇴하려는 것
이다.

辭卑而益備者, 進也. 辭强而進驅者, 退也.
사비이익비자 진야 사강이진구자 퇴야

························· **행군편(行軍篇)** ·························

전쟁은 밀고 당기는 심리전이다. 후퇴하는 듯하더니 공격하고
공격하는 듯하더니 후퇴한다. 이 정도는 초보 단계다. 더 전략적
인 심리전도 많다.

《병법 삼십육계兵法 三十六計》에 나오는 성동격서(聲東擊西)는 '동
쪽에서 소리를 내고 서쪽을 공격하라'는 말이다.

이 또한 심리전이다. 어떤 전략인지 살펴보자.

첫째, 먼저 동쪽을 공격할 것처럼 보이면서 양동작전(陽動作戰, 실제 공격은 하지 않지만, 병력이나 군사 장비를 가동해 적의 경계를 분산시키는 작전_옮긴이)을 전개한다.

둘째, 양동작전에 속아 적이 동쪽으로 이동해 방어 태세를 갖춘다.

셋째, 곧바로 적의 방비가 허술해진 서쪽을 공격한다.

'뭐야, 이런 거였어'라며 쉽게 생각할 수도 있다. 하지만 사전에 그런 방법이 있다는 사실을 알고 있지 않으면 쉽게 속아 넘어가지 않을까?

《손자병법》에 나오는 이 구절은 성동격서(聲東擊西)보다 더 단순한 심리전이다. 단순하다고 속지 않는 것은 아니다.

이제라도 알아두지 않으면 이길 기회를 놓치거나 큰 손해를 입을 수 있다.

참고로 앞의 구절을 요약하면 다음과 같다.

- 밀려고 하면 먼저 당겨라.
- 당기려고 하면 먼저 밀어라.

상대가 겸손하게 말하면서 차근차근 방어 태세를 갖추는 것은,

실은 진격을 준비하는 것이다.

묵직함은 가벼움보다 뛰어나다

군대가 소란스러운 것은 장수가 위엄이 없어서다.

軍擾者, 將不重也.

군요자 장부중야

·················· **행군편(行軍篇)** ··················

'중(重)'이란 말없이 무게감 있게 앉아서 확실하게 조직을 장악한 상태다. 리더라면 이래야 한다.

《노자》도 같은 말을 했다.

"묵직함은 가벼움보다 뛰어나다. 왕도 가볍게 행동하는 것은 철저히 경계해야 한다."

무언의 설득력이 있어야 한다는 의미다.

작은 공간, 지역에서만 생활한다면 위엄 있는 모습은 필요 없을지 모른다.

하지만 더 많은 사람이 모이는 곳으로 나가면 확연히 차이가 난다. 자신감 넘치고 다양한 경험을 쌓은 능력자에게 휘둘려 입도 뻥긋 못할 수 있다.

위엄 있는 사람이 되는 것이 앞으로의 과제라고 할 수 있다.

> 조직을 통제하지 못하는 것은 리더가 위엄이 없기 때문이다.

상을 남발하는 건 벽에 부딪혔다는 증거

병사에게 상을 자주 주는 것은 궁색해진 것이다.

병사에게 벌을 자주 내리는 것은 곤란해진 것이다.

數賞者, 窘也. 數罰者, 困也.

삭상자 군야 삭벌자 곤야

························· **행군편(行軍篇)** ·························

    조직 관리의 비결은 신상필벌(信賞必罰)이다. 상을 줘야 할 때와 벌을 내려야 할 때를 구분하라는 의미다. 이렇게 하지 않으면 조직을 제대로 통제할 수 없다. 조직 관리의 참고서라고 할 수 있는《한비자》는 상과 벌에 대해 다음과 같이 말했다.

    "현명한 군주는 두 개의 자루를 쥐고 신하를 통제한다. 두 개의 자루란 형(刑)과 덕(德)이다. 형은 벌을 주는 일이고 덕은 상을 내리는 일이다. 신하는 항상 벌을 두려워하고 상을 기뻐한다. 군주가 이 두 개의 자루를 쥐고 있으면 으르기도 하고 달래기도 하면서 신하를 자신이 생각하는 대로 움직일 수 있다."

병법서 《울요자》에도 상벌이야말로 장수의 위신을 세우는 열쇠라면서 다음과 같이 말했다.

"처벌하는 상대는 지위가 높은 인물일수록 효과가 있고, 표창하는 상대는 지위가 낮은 사람일수록 영향이 크다. 처벌받아야 하는 죄를 지은 사람은 아무리 지위가 높아도 반드시 벌해야 한다. 형벌이 최고 간부에게까지 미쳐야만 장수는 위신이 선다."

단, 형벌의 집행은 입으로 말한 것보다 강해야 한다.

리더가 사심을 품으면 머지않아 균형이 깨지고 부하의 신뢰를 잃게 된다. 상벌을 집행할 때 필요한 것은 신중함과 공평함이다.

> 상을 남발하는 것은 벽에 부딪혔다는 증거다.
> 벌을 많이 내리는 것은 고심하고 있는 증거다.

양보다 중요한 건 언제나 '집중력'

병사 수가 많다고 더 유리한 것은 아니다.

兵非益多也.

병비익다야

행군편(行軍篇)

《손자병법》에서는 이어서 이렇게 말했다.

"무작정 힘차게 진격하는 일을 피하고, 병력을 집중해서 적의 정황 파악에 힘써야만 비로소 승리를 거둘 수 있다."

병사의 수는 결정적인 요소가 아니며, 승부를 정하는 열쇠는 병력을 집중할 수 있는지 없는지에 달려 있다는 의미다.

중국의 긴 역사를 되짚어보면 적은 병력으로 능히 대적을 무찌른 예가 많다. 그런 사례를 살펴보면 여기서 손자가 말한 내용이 대부분 들어맞는다.

승리하는 쪽은 정확하게 적의 정세를 파악한 후에 아군의 병력을 집중해서 모든 군이 똘똘 뭉쳐 싸우지만, 패한 쪽은 자신들의 병력을 과신하고 적을 얕본 결과 패배를 당하는 경우가 있다. 다른 나라의 역사를 봐도 그런 경우가 꽤 많다.

현재 모든 기업이 저성장시대에 살아남기 위해 피나는 노력을 한다. 대기업이든 중소기업이든 다르지 않다. 이렇게 혹독한 시대에 살아남으려면 어떻게 해야 할까? 먼저 효율이 떨어지는 부분은 제거하면서 자원을 집중시키고, 기존 사원의 활성화 방안을 모색해야 한다. 선택과 집중이 필요한 시기다.

그리고 난 후에는 하나로 똘똘 뭉쳐야 한다. 바로 그때가 리더의 능력을 보여줘야 할 때다.

규모가 크다고 꼭 좋은 것은 아니다.
선택과 집중이 중요하다.

얕보고 방심하면 항상 당한다

아무런 생각도 없이 적을 업신여기는 자는 반드시 적에게 사로잡힌다.

夫惟無慮而易敵者, 必擒於人.

부유무려이이적자 필금어인

·························· **행군편(行軍篇)** ··························

적을 이기려면 적과 나에 대해 파악한 후 빈틈없는 작전을 세워야 한다. 자기 능력에 자신감을 가지는 것은 괜찮지만 근거 없는 자신감은 금세 반격을 당한다.

과거부터 지금까지의 역사서를 살펴보면 대군을 거느리면서도 실수로 패배한 예가 자주 등장한다. 다양한 원인이 있지만 대부분 사례에서 공통으로 드러나는 원인은 '방심'이다. 자기 능력을 지나치게 믿고 적의 능력을 얕본 결과 참패로 이어진다.

한순간의 방심이 되돌릴 수 없는 실패로 이어지는 것은 전쟁뿐만이 아니다. 살다 보면 비슷한 상황이 생길 수 있다.

빈틈이 생기는 것은 대개 일이 잘 풀릴 때다. 누구나 힘든 싸움을 하고 있을 때는 긴장을 늦추지 않고 열심히 노력한다. 하지만 위기를 극복하고 일이 잘 풀리기 시작하면 한시름 놓고 마음에 틈이 생긴다. 사실 그때가 가장 위험하다.

현명한 군주라고 불리던 당(唐)나라의 태종(太宗)은 이 문제에 대해 이렇게 경고했다.

"병을 치료할 때는 차도를 보일 때야말로 한층 더 신경 써서 간호해야 한다. 마찬가지로 나라를 통치할 때도 천하가 안정되어 갈수록 더욱 신중하게 대처해야 한다."

태종처럼 항상 긴장을 늦추지 말고 성실하게 임해야 한다.

> 깊은 생각과 계획도 없이 적을 우습게 보고 맞서면
> 반드시 적에게 당한다.

자상함과 엄격함을 잘 다루어야 한다

병사에게 문덕(文德)으로 명령하고 무위(武威)로써 통제한다.

故令之以文, 齊之以武.

고령지이문 제지이무

《손자병법》에서는 이렇게 말했다.

"병사가 따르지 않는데 처벌만 한다면 병사는 순종하지 않는다. 복종하지 않는 병사는 부리기 어렵다. 반대로, 병사가 따른다고 해서 잘못이 있어도 벌하지 않으면 이 또한 부릴 수 없다."

그리고 이런 말도 덧붙였다.

"평소에 명령이 철저하게 시행되고 있으면 병사는 기쁜 마음으로 명령에 따른다. 반대로 평소에 명령이 철저하게 시행되고 있지 않으면 병사는 명령에 따르지 않는다."

병사가 의욕이 부족해서 장수의 명령에 복종하지 않고 아무렇지 않게 명령을 위반한다면 군대가 제대로 운영되지 않는다.

그래서 명장이라고 불리는 사람들은 모두 부하의 통솔에 남다른 신경을 써왔다. 그런 점에서 보면 명장들의 공통점은 '엄(嚴)'과 '인(仁)'을 구분해서 사용했다는 것이다.

우선 엄(嚴), 상과 벌에 대해서는 공정하고 엄격한 태도로 임한다. 하지만 이런 엄격함만으로는 명령에 따르게 할 수는 있어도 복종하게 만들 수는 없다. 그때 필요한 것이 인(仁), 배려하는 마음이다. 엄(嚴)과 인(仁)의 균형을 어떻게 맞추는지가 장수의 능력이다. 배려하는 마음이 지나친 사람이라면 적절한 상황에 엄격함을 적용해 엄(嚴)과 인(仁)의 균형을 잡아야 한다.

아랫사람에게는 온정으로 대함과 동시에 규율이 필요하다.

잘났다고 으스대면 발목이 잡힌다

진격해도 명성을 구하지 않고, 후퇴해도 죄를 피하지 않는다.

故進不求名, 退不避罪.

고진 불구명 퇴불피죄

이 구절은 리더의 조건 두 가지를 이야기하고 있다.

• 겸허한 마음

• 책임을 회피하지 않는 자세

리더는 겸손해야 한다고 많이들 말한다. 이렇게 당연한 일이 왜
계속해서 전해지는 걸까? 그 이유는 자신이 지위가 높다고 우쭐

대거나 남을 무시하면서 부하를 깔보는 사람이 끊이지 않기 때문이다.

그렇다면, 겸손과 반대되는 이러한 오만한 태도는 왜 하면 안 되는 걸까?

《제갈량집》에 이런 말이 있다.

"장수는 오만하면 안 된다. 마음이 오만하면 하는 일에 예의가 없어진다. 그로 인해 사람들은 멀어지고 부하도 돌아선다."

손자 또한 이렇게 말했다.

"발돋움해서 발끝으로 서려고 하면 오히려 발밑이 흔들린다. 자신이 옳다고 하면 오히려 무시당한다. 자신을 과시하면 오히려 배척당한다. 자신의 공적을 자랑하면 오히려 비난을 받는다. 자신의 재능을 으스대면 오히려 발목을 잡힌다."

걸핏하면 주제넘게 나서거나 사람을 막 대하는 유형의 사람은 실격이다.

여기서는 겸허함과 함께 책임감을 명장의 조건으로 꼽고 있다.

이 두 가지를 아울러 갖추는 것이 가능하다면 더욱 신뢰받을 수 있다.

> 싸움에서 승리해도 능력이나 공적을 자랑하지 않고
> 패배해도 책임을 피하지 않는다.

아랫사람을 갓난아이 보듯 해보라

병사를 갓난아이 보듯 해야 한다.

그래야 함께 깊은 계곡으로 갈 수 있다.

視卒如嬰兒. 故可與之赴深溪.

시 졸 여 영 아 고 가 여 지 부 심 계

·················· **지형편(地形篇)** ··················

부하를 통솔할 때는 배려나 온정이 중요하다는 말이다.

어느 날 군인이었던 사람과 이야기를 나눌 기회가 있었다. 그가
지방 부대 검열을 하러 갔을 때 어느 한 중대의 대원들이 겉보기
에도 빠릿빠릿하게 행동하고 굉장히 잘 관리되고 있었다고 한다.
왜 그런지 궁금해서 나중에 중대장을 불러서 물었다.

"대원들에게 뭔가 특별한 교육을 하고 있습니까?"

그는 잠깐 생각하다가 항상 노력하는 일이 두 가지 있다고 대답했다.

첫째, 대원들과 소통

병영 밖에서 마주쳐도 "요즘 어떻게 지내나?"라며 안부를 꼭 묻는다고 했다.

둘째, 대원 가족과 연락

일 년에 한 번은 반드시 대원의 가족에게 편지를 써서 대원의 근황을 알렸다.

이런 작은 배려가 자연스레 대원들의 의욕을 높인 것이다.

이에 대해《손자병법》은 좀 더 냉철하게 말한다.

"하지만 부하를 예뻐하기만 해서 명령을 내리지 못하고, 군령을 어겨도 벌을 내릴 수 없다면 어떻게 되겠는가. 제멋대로인 아들을 키우는 것처럼 아무런 도움도 되지 않는다."

배려와 인간적인 소통을 중요시하면서도 그 속에 한 줄기의 일관된 엄격함을 잊지 말라고 경고한다.

장수에게 병사는 어린아이 같다.
아끼고 소중히 해야 깊은 골짜기까지도 함께 간다.

무턱대고 낙관하면 치명상을 입는다

하늘을 알고 땅을 알면 완전하게 승리할 수 있다.

知地知天勝乃可全.

지지지천 승내가전

싸우기 전에 아군과 적군 쌍방의 전력을 분석하는 것은 당연하다. 얼마나 정확하게 파악하고 있는지가 문제인데, 무턱대고 낙관적으로 전망하는 것은 주의해야 한다.

전력을 분석하면서 단서가 되는 것은 천시(天時)와 지리(地利)다. 천시(天時)는 하늘이 주는 좋은 기회를 말하는데, 타이밍이다. 타이밍을 잘 잡는 것이 승리를 쟁취하는 조건이다.

지리(地利)에 대해서는 《손자병법》에서 이렇게 말한다.

"지형은 승리를 쟁취할 때 유용한 조건이다. 따라서 적의 움직임을 두루 살피며 지형이 가파르고 험한지, 멀고 가까운지를 고려하면서 작전계획을 세우는 것이 장수의 의무다."

천시와 지리는 실제 전쟁뿐만 아니라 삶 속의 모든 전략에 적용된다. 예를 들어, 마트나 음식점 등 어떤 분야를 시작해도 상관없지만, 천시와 지리를 사전에 검토하지 않고 가게를 열면 얼마 못가서 문을 닫아야 한다.

내가 예전에 사무실로 사용하던 상가의 1층 자리가 그랬다. 처음에는 음식점이 들어왔고 다음에는 잡화점이 들어왔는데 모두 반년도 못 채우고 망해서 나갔다.

그 근처는 집도 별로 없고 사람도 잘 지나다니지 않는 곳이었다. 아마추어인 내가 봐도 유동인구가 없어서 장사하기에는 적합한 환경이 아니었다. 그런 환경 조건을 생각하지 않고 무턱대고 시작했기에 치명상을 입은 것이다.

천시와 지리를 알고 싸우는 자는 패하지 않는다.

도망쳐야 할 때를 빠르게 판단하라

유리하면 움직이고 불리하면 멈춘다.

合於利而動, 不合於利而止.

합어리이동 불합어리이지

구지편(九地篇)

'뭐야, 당연하잖아'라고 생각할지도 모른다. 하지만, 막상 그런 상황과 마주하면 도망치는 판단을 하기가 매우 어렵다.

싸움에는 나라의 운명이 달려 있다. 꼭 해야 한다면 만반의 준비를 하고 확실하게 승산을 따져서 시작해야 한다. 별로 승산도 없는데 아무튼 해보자면서 운에 맡기는 식의 싸움은 절대 하지 말아야 한다.

천하를 손에 넣은 명장은 도망쳐야 할 때의 판단이 빠른 사람이었다.

《삼국지》의 영웅인 위나라 조조도 그중 한 사람이다. 경쟁자인 유비(劉備)가 한중(漢中)을 공격해서 함락시키려고 할 때 조조는 그냥 내버려 둘 수 없다면서 대군을 동원해 탈환에 나섰다. 하지만 막상 가 보니 천연 요새를 이용해서 수비를 탄탄하게 강화하고 있는 것이 아닌가.

설령 싸워서 이긴다고 해도 큰 손해를 입을 것이 뻔했다. 그것을 알아차린 조조는 '계륵이군, 계륵이야'라고 중얼거리더니 전군에게 철수 명령을 내렸다. 계륵(鷄肋), 즉 닭의 갈비뼈는 버리기에는 아깝지만 먹으려고 해도 살은 남아 있지 않다. 한중은 그런 곳이라는 의미다.

전력을 남겨두면 기회는 반드시 다시 찾아오니 태세를 재정비하면서 때를 기다리면 된다. 억지로 밀어붙이지 않아야 한다. 조조는 그렇게 생각하고 결정을 내린 것이다. 물러서야 할 때 어떻게 판단하는지가 성패를 가른다.

유리하게 보이면 싸우고, 불리하게 보이면 싸움을 피한다.

정면 돌파가 어렵다면 허를 찔러라

적이 미치지 못함을 틈타 생각지도 못한 길을 지나 경계하지
않는 곳을 공격한다.

乘人之不及, 由不虞之道, 攻其所不戒也.

승인지불급 유불우지도 공기소불계야

구지편(九地篇)

상대가 훨씬 우세하고 피할 수 없는 싸움이라면 제대로 싸운다
고 해도 승산이 없다.

이런 상황에서는 어떻게 싸우면 좋을까?

그 질문에 대한 답이 바로 이 구절이다. 생각지도 못한 곳에서
쳐들어와 공격을 당하면 적은 심리적으로 당황하게 된다. 그만큼
심리전이 중요하다. 이런 전술은 병법에서 중요하기 때문에 모든

병법서에서 강조하고 있다.

예를 들면,《손빈병법孫臏兵法》에서는 이렇게 말한다.

"성을 낮추고 뜻은 넓히며, 엄정함으로 군중을 모으고, 도망쳐서 적을 오만하게 만들고, 뒤로 물러나 적을 지치게 만들고, 그틈을 타 공격해 허를 찌른다. 반드시 얼마 동안은 이렇게 해야 한다."

우선 성벽을 낮추고 장병의 사기를 북돋우면서 엄격한 군법으로 결속을 다진다. 그런 다음에 꿈쩍도 못 하는 척하면서 적이 우쭐거리게 하고 기습전을 벌여 지치게 만든다. 적의 수비가 허술한 곳을 공격하고 허를 찔러 혼란스럽게 한다. 이런 식으로 장기전에 돌입하라는 것이다.

복싱에 비유해보자. 마음속에는 강한 투지를 불태우지만, 정면으로 맞서는 것을 피하고 거리를 유지하며 계속 잽을 날려 상대를 지치게 만들어서 최대한 12라운드까지 싸우는 전략이 아닐까?

이렇게 싸우면 깔끔하게 KO승으로 이기기는 어렵지만, 판정승에 기대를 걸어볼 만하다.

적의 빈틈을 타서 생각지도 못한 길을 통해

허를 찔러 공격한다.

단단하면 부러지니, 항상 유연하게 대한다

용병에 능한 자는 비유하자면 솔연과 같다.

故善用兵者, 譬如率然.

고선용병자 비여솔연

구지편(九地篇)

'솔연(率然)'이란 무엇을 의미할까?

《손자병법》은 다음과 같이 설명했다.

"솔연이란 상산(常山, 중국 하베이성(河北省)에 위치한 산_옮긴이)에 사는 뱀을 말한다. 상산의 뱀은 머리를 치면 꼬리가 달려든다. 꼬리를 치면 머리가 달려든다. 몸통을 치면 머리와 꼬리가 덤벼든다."

이런 뱀이 실제로 있었는지는 정확하지 않지만 참으로 끈질긴 뱀이 아닌가.《손자병법》은 이를 이상적인 집단행동의 예로 들고 있다. 우리는 종종 일심동체를 강조하며 굳건한 단결심을 자랑하기도 한다. 일심동체 같은 결속은 분명 강할지도 모르지만 왠지 딱딱한 이미지가 떠오른다. 단단하고 강할 수는 있겠으나 쉽게 무너지기도 한다.

앞에서 '싸우는 방식은 물의 흐름에서 배우자'라고 했다. 여기서 이야기한 '솔연과 같다'도 그런 생각과 이어진다.

솔연(率然)이란 처치 곤란하고 막강한 저항력을 지닌 상태다. 상대에게 결정적인 포인트를 허락하지 않는 강인함이라고 해도 좋다. 조직론으로 본다면 한 사람 한 사람의 강인함이 모여 구성된 전체의 강력함, 그것이 바로 솔연(率然)이다. 그렇다고 개개인의 개성을 무시하고 일심동체가 되는 것이 아니다.

집단으로 강인함을 유지하면서 개인의 강인함도 갖추는 것이다.

전쟁을 잘하는 자가 싸우는 방식은 '솔연'과 같다.

미워하던 사람과 힘을 합쳐야 할 때도 있다

오나라 사람과 월나라 사람은 서로 미워하지만, 같은 배를 타고 건너다가 풍랑을 만나면 서로 돕는 것이 왼손과 오른손 같다.

夫吳人與越人相惡也, 當其同舟而濟遇風, 其相救也,
如左右手.

부오인여월인상오야 당기동주이제우풍 기상구야
여좌우수

·········· **구지편(九地篇)** ··········

오월동주(吳越同舟)라는 유명한 사자성어는 이 구절에서 유래한 말이다. 요즘엔 단순히 '원수는 외나무다리에서 만난다'라는 의미로 사용되기도 하는데, 본래 의미와는 사뭇 다르다.

전쟁은 목숨을 건 싸움이다. 위태로운 상황이 되면 어쩔 수 없이 병사 개개인이 노력해서 돌파구를 찾는 수밖에 없다.

《손자병법》에서도 이렇게 말했다.

"병사란 절체절명(絶體絶命)의 궁지에 몰리면 도리어 두려움을 잊는다. 도망칠 길이 없는 상태에 이르면 일치단결해서 적의 영지 안으로 깊숙이 들어가 결속을 다지고 위태로워지면 필사적으로 싸운다."

이렇게 서로 합심해서 싸우는 것에 비유하는 이야기에 오월동주(吳越同舟)가 등장한다.

오나라와 월나라는 지금의 양쯔강 이남에 있는 강남(江南) 지역에서 번성했던 나라다. 두 나라는 경쟁 관계였고 부모와 자식 이대에 걸친 사투를 벌였다. 이와 관련해서 와신상담(臥薪嘗膽, 섶 위에서 자고 쓸개를 맛본다는 뜻으로 원수를 갚기 위해 고통과 괴로움을 참고 견딤을 비유한 말_옮긴이)이라는 유명한 고사성어도 있다.

《손자병법》은 오월동주(吳越同舟)만을 강조하지 않았다. 함께 싸우려면 다음과 같은 전제조건이 필요하다고 했다.

- 충분히 휴식을 취해 힘을 기른다.

- 적이 예상할 수 없는 작전을 짠다.

- 일치단결하는 태세를 갖춘다.

무턱대고 함께 싸운다고 좋은 결과를 얻는 것은 아니다.

원수지간이라도 폭풍을 만나 배가 침몰할 것 같으면
오른손과 왼손처럼 서로 돕는다.

한 번쯤 물러설 곳이 없는 배수의 진을 쳐보라

망할 땅에 던져져야 생존할 수 있고, 죽을 땅에 빠져야 살아날
수 있다.

投之亡地然後存, 陷之死地然後生.
투지망지연후존 함지사지연후생

구지편(九地篇)

사람은 궁지에 몰렸을 때야말로 자신이 가진 모든 힘을 발휘한
다. 그러고 보니 유명한 고사성어인 배수진(背水陣)이 떠오른다.

한(漢)나라의 초대 황제인 유방(劉邦)을 섬겼던 장군 중에 한신
(韓信)이라는 이름난 장수가 있었다. 한신이 적군과 싸우게 되었
다. 상대 군사는 이십만이었고, 아군은 겨우 이만이었다. 제대로

맞붙으면 승산이 없었다.

이때 한신은 일부러 강을 등지고 포진하는 배수진(背水陣)을 쳤고, 끈질기게 싸워 적을 격파했다. 이기긴 했어도 아군의 장수들은 그의 전술을 이해하기 어려웠다. 그 가운데 한 사람이 이렇게 물었다.

"병법에는 산을 등지고 포진하라고 했습니다. 그런데 장군은 강을 등지고 대승을 거뒀습니다. 저희는 도무지 그 연유를 모르겠습니다. 도대체 어떤 전술입니까?"

그러자 한신은 이렇게 대답했다.

"병법에도 '병사는 죽을 땅에 몰리게 되어야 살고, 망할 땅에 던져지고 나서야 살아남는다'라는 말이 있지 않은가. 게다가 우리 군은 아직 제대로 훈련도 안 되어 있고 장병들의 마음도 잡지 못했네. 만약 그들을 목숨을 부지할 수 있는 땅에 두었다면 모두 도망치지 않겠는가. 그래서 사지에 놓고 죽기 살기로 싸우게 해본 걸세."

이에 장수들은 매우 감탄하였다.

놀랍게도 한신이 보여준 배수진(背水陣)은《손자병법》을 응용한 것이었다.

절체절명의 궁지에 몰려야 오히려 숨구멍이 트인다.

정말 원하는 건 한순간의 틈을 노려라

처음에는 처녀처럼 조심하다가 적이 문을 연 후에는 달아나
는 토끼처럼 움직여 적이 막을 겨를이 없게 한다.

是故始如處女, 敵人開戶, 後如脫兎, 敵不及拒.
시고시여처녀 적인개호 후여탈토 적불급거

·························· **구지편(九地篇)** ··························

　'처음에는 처녀처럼, 나중에는 토끼처럼'이라는 말은《손자병
법》의 이 구절에서 나온 것이다. 원래는 전쟁 전략에 관한 말이다.
여기서 말하는 '처녀처럼'이란 아무것도 하지 않고 온순하게 있
는 것이 아니다. 적의 눈을 속여 적을 방심하게 만들기 위한 연기
다. 본성을 숨기고 침착하게 칼을 가는 모습이 바로 '처녀처럼'인
것이다.

강력한 적을 상대로 정면승부를 할 때 승산이 없다면 어떻게 싸우는 것이 좋을까?

《제갈량집》은 상대가 강적이라도 두려워할 필요는 없다고 말하면서, 다음과 같은 전술법을 추천했다.

- 일단 후퇴해 상대의 창칼을 피하고 반격할 기회를 노린다.
- 미끼를 던져 물게 하고 복병이나 덫을 놓아 동요시킨 후에 혼란을 틈타 기습 공격한다.
- 전력이 약한 것처럼 보여 상대를 방심하게 하고 한순간의 틈을 노려 맹공격한다.
- 상대 진영에 첩자를 잠입시켜 유언비어를 퍼뜨리고 서로 의심하고 두려워하게 만들어 결속을 느슨하게 만든다.

머리를 써서 싸우면 얼마든지 승리할 기회를 찾아낼 수 있다.

> 적이 방심하도록 유도해서
> 달아나는 토끼처럼 재빨리 공격한다.

이유도 모르면서 열심히만 하는 건 헛고생!

무릇 싸워서 이기고 공격해서 취해도, 그 공을 거두지 못하면
흉하다. 이는 인명과 물자를 낭비하는 것이다.

夫戰勝攻取, 而不修其功者凶. 命曰費留.

부전승공취 이불수기공자흉 명왈비류

······ **화공편(火攻篇)** ······

싸워야 한다면 왜 싸우는지 그 목적과 전략을 정하고 시작해야
한다. 이것은 싸움뿐만 아니라 모든 일에서 마찬가지다.

《전국책戰國策》에 이런 이야기가 나온다.

옛날에 위(魏)나라 왕이 옆 나라를 공격할 계획을 세웠다. 그 이
야기를 전해 들은 한 신하가 뵙기를 청하며 이렇게 말했다.

"지금 이곳에 오는 길에 한 남자와 마주쳤습니다. 그 남자는 마차를 타고 북쪽으로 향하면서 '초(楚)나라에 갈 작정이오'라고 했습니다. 그래서 '초나라는 남쪽인데 왜 북쪽으로 가는가?' 하고 물었더니 이번에는 '말이 월등히 뛰어나다네'라고 대답했습니다. '말은 좋을지 몰라도 길이 틀리지 않는가'라고 말하자, 다시 '노잣돈도 두둑하다네'라며 대답했습니다. '노잣돈이 있어도 방향이 다르지 않은가'라고 하자, '마부도 훌륭하다네'라면서 태연한 척했습니다. 이런 식이면 좋은 조건이 갖춰질수록 목적지인 초에서 멀어질 뿐입니다. 지금 왕께서 섣불리 움직이신다면 승리에서 더욱 멀어지게 됩니다. 혹시 남쪽의 초나라를 노리면서 마차를 타고 북쪽을 향해 달리고 계신 것은 아닙니까?"

이 말을 들은 위나라 왕은 공격할 계획을 중단했다고 한다.

목적이 흔들리고 전략이 잘못되면 이런 일이 벌어진다. 요컨대 목적과 전략은 일체가 되어야 한다. 무슨 일이든 먼저 목적을 설정하고 나서 그 목적을 달성하기 위한 전략을 짜야 한다. 목적만 있고 전략이 없으면 어떤 일도 성과를 낼 수 없다.

적을 쳐부수고 적의 성을 빼앗아도,
전쟁의 목적을 달성하지 못 하면 결과는 실패다.
아무런 성과가 없는 헛수고를 한 것이다.

오십부터는 냉정함을 유지해야 면이 선다

군주는 분노 때문에 군대를 일으켜서는 안 되며,

장수는 화난다고 싸워서는 안 된다.

主不可以怒而興師, 將不可以慍而致戰.

주 불 가 이 노 이 흥 사 장 불 가 이 온 이 치 전

·················· 화공편(火攻篇) ··················

어느 시대든 어른에게 요구되는 것은 냉정한 판단이다. 어떤 일
이든 감정을 꾹 누르고 시작해야 한다.

병법서《울요자》에도 이런 이야기가 있다.

"일시적인 감정에 이끌려 싸우러 나가는 것은 엄격히 삼가야
한다. 냉정하게 상황을 판단하여 승산이 있어 보이면 움직이고,

얻는 것이 없다고 보이면 물러서야 한다."

화를 참지 못해 자신의 무덤을 판 사람이 《삼국지》의 유비다. 유비에게는 거병 이후 35년 동안 동고동락한 관우(關羽)라는 의형제가 있었다. 그런데 오나라 손권(孫權)이 관우를 감쪽같이 속여 공격했고, 관우가 허무한 죽음을 맞이했다. 이에 분노한 유비는 관우의 원통함을 풀기 위해 손권을 토벌하기 위한 전쟁을 하려고 했다.

하지만 신하들이 모두 전쟁을 반대하며 이렇게 말했다.

"손권을 치려고 하다니 천부당만부당한 일입니다. 애초에 역적은 위나라의 조조이지 손권이 아닙니다. 위나라만 멸망시키면 오나라는 자신들이 먼저 머리를 조아릴 것입니다. 우리가 자처해서 손권을 토벌할 필요는 없습니다."

하지만 유비는 반대 의견에 귀를 기울이지 않았고, 손권을 토벌하기 위해 군사를 일으켰다가 어이없는 참패를 당했다. 증오하는 감정에 사로잡혀 쓸데없이 전쟁을 일으켰기 때문이다.

감정 중에 사람의 판단을 흐리는 가장 큰 요소는 분노다.

아무쪼록 경계심을 늦추지 않길 바란다.

화가 난다고 무모하게 덤비면 안 된다.

힘을 사용할 때는 매우 신중해야 한다

망한 나라는 다시 존재할 수 없으며,

죽은 자는 다시 살아날 수 없다.

亡國不可以復存, 死者不可以復生.

망국불가이부존 사자불가이부생

·················· **화공편(火攻篇)** ··················

전쟁을 벌이면 적군과 아군 모두 많은 사상자가 나오고 자칫하면 나라까지 망하게 된다. 그러니 아무쪼록 신중하게 결정하라는 의미다.

병법서《사마법司馬法》에도 이런 말이 있다.

"나라가 아무리 커도 전쟁을 좋아하면 반드시 멸망한다. 천하가 태평해도 전쟁을 잊어버리면 반드시 위태롭다."

어떤 대국이라도 전쟁만 하고 있으면 나라가 망한다. 그렇다고 군사 준비를 게을리하면 이 또한 나라를 위험에 빠트리는 일이다. 이런 이야기가 떠오른다.

당나라 시대에 누사덕(樓師德)이라는 재상이 있었다. 그의 아우가 지방 장관으로 임명되었을 때 그는 이렇게 훈계했다.

"잘 새겨들거라. 인(忍), 이 한 글자를 마음에 새겨라. 부디 경솔한 짓은 하지 말아라."

아우가 고개를 끄덕이며 말했다.

"네, 알겠습니다. 사람들이 침을 뱉어도 그냥 닦아버리겠습니다."

누사덕은 "아니, 그러면 안 된다"라고 고개를 저으면서 이렇게 말했다.

"그걸로는 충분하지 않아. 침을 닦는 것은 상대의 화를 돋우는 일이다. 그냥 그대로 두고 자연히 마르기를 기다려라."

하물며 군사력을 행사할 때는 이보다 더 신중해야 한다.

'참을 인'을 마음에 새기라는 말 뒤에는
강인하게 살아남기 위한 처세의 지혜가 숨어 있다.

공을 세우는 까닭은 먼저 알기 때문이다

현명한 군주와 어진 장수가 움직이면 승리하고, 다른 무리보다 뛰어난 공을 이루는 까닭은 먼저 알기 때문이다.

故明君賢將, 所以動而勝人, 成功出於衆者, 先知也.
고명군현장 소이동이승인 성공출어중자 선지야

························· 용간편(用間篇) ·························

"상대를 알고 나를 알면 백 번 싸워도 위태롭지 않다."

모공편(謀攻篇)에서 살펴본 말이다. 이기기 위해서는 당연히 적의 대한 정보를 꿰뚫고 있어야 한다.

《손자병법》은 이렇게 말했다.

"십만 대군을 동원해서 천 리 너머까지 원정을 떠나면 정부와 국민은 하루에 천금이라는 비용을 부담해야 한다. 게다가 마지막 승패는 하루아침에 결정된다. 그런데도 벼슬과 봉록이 아까워 적군의 정보 수집을 게을리하는 것은 어리석은 짓이다."

어느 시대든 실제 전쟁에는 막대한 비용이 든다. 장기전이 되면 더더욱 그렇다. 그에 비해 정보에 할애하는 비용은 얼마 되지 않는다.

《손자병법》은 또한 다음과 같이 말했다.

"게다가 현명한 군주와 어진 장수는 신에게 빌거나 경험에 의존하거나 별점을 쳐서 적의 정황을 알아내지 않는다. 어디까지나 사람을 써서 알아낸다."

여기서 사람이란 바로 '첩자'로, 현대식으로 말하면 정보원이다. 이런 손자의 생각은 당연히 현대에도 적용할 수 있다. 분명 현대는 손자의 시대와는 다르고 저 머나먼 우주까지 정보망이 펼쳐져 있어서 어떤 의미에서는 정보과잉 시대라고 할 수 있다.

하지만 정말로 필요한 정보는 좀처럼 손에 넣을 수 없지 않은

가. 시대는 변했지만 정보의 중요성은 예나 지금이나 똑같다.

현명한 군주와 어진 장수가 전쟁에서 승리하고 눈부신 성공을
거두는 이유는 먼저 적진의 상황을 알아내기 때문이다.

사람을 제대로 '이용'해야 할 때란?

첩자를 쓰는 데는 다섯 가지가 있다.

향간, 내간, 반간, 사간, 생간이다.

故用間有五. 有鄕間, 有內間, 有反間, 有死間, 有生間.

고 용 간 유 오 유 향 간 유 내 간 유 반 간 유 사 간 유 생 간

···························· **용간편(用間篇)** ····························

《손자병법》에 의하면 첩자에는 다섯 종류가 있다고 한다.

- 향간 : 적국에 사는 사람을 활용해 정보를 수집한다.

- 내간 : 적국의 관료를 매수해 정보를 수집한다.

- 반간 : 적의 첩자를 회유해서 역으로 이용한다.

- 사간 : 죽음을 각오하고 적국에 잠입해 허위 정보를 퍼뜨린다.

• 생간 : 적국에서 살아 돌아와 정보를 가져온다.

《손자병법》에서 가장 중요하게 여긴 것은 '반간(反間)'이다. 첩자의 종류에 대해 간략하게 말하고 있지만, 더 구체적으로는 병법서《이위공문대李衛公問對》의 설명을 참고할 수 있다.

"만약 적이 이쪽의 기밀을 손에 넣으려고 첩자를 보내온다면, 일부러 알아차리지 못하는 척하면서 거액의 돈을 주거나 좋은 처우를 보장해주고 매수한 다음, 허위 정보를 쥐여준다. 군사 작전 날짜에 대한 가짜 정보를 흘려주면 그것만으로도 적을 불리한 상황에 빠트려 이쪽은 우위에 설 수 있다. 이처럼 적의 첩자를 역으로 이용할 수 있다면 허위 정보를 흘려 적을 휘두를 수 있고, 이쪽은 적의 혼란을 틈타 목적을 달성할 수 있다."

다섯 가지 첩자의 종류를 알아두라.
유용할 때가 있을 것이다.

모든 건 정보 싸움, 어떻게 얻을 것인가?

현명한 군주와 어진 장수만이 뛰어난 지혜를 가진 자를 첩자로 삼아 반드시 큰 공을 세울 수 있다.

故惟明君賢將, 能以上智爲間者, 必成大功.

고유명군현장 능이상지위간자 필성대공

.... **용간편(用間篇)** ....

싸움에는 정보 활동이 꼭 필요하다.

《손자병법》에서는 첩자를 이용하는 법에 대해 다음과 같은 조건을 내걸었다.

"첩자는 군대 전체에서 가장 신뢰할 수 있는 인물을 선택하고 최고의 대우를 해주어야 한다. 그리고 그 활동은 극비여야 한다."

정보 활동이 성과를 내려면 다음 세 가지를 유의하라는 말이다.

- 인재를 투입한다.
- 대우는 후하게 한다.
- 반드시 비밀을 지킨다.

이런 첩자 운용에 대해서는 병법서 《이위공문대》에서도 같은 취지로 말하고 있다.

"첩보 모략 활동은 모두 철저하게 비밀을 지켜야 하고 그를 위한 자금을 아끼지 말아야 한다. 그렇게 해야만 성과를 낼 수 있다."

《손자병법》을 보면, 첩자를 운용하는 사람에게도 조건을 제시했다.

"첩자를 운용하는 자는 뛰어난 지혜와 인격을 갖춘 인물이어야 그를 효과적으로 부릴 수 있다. 게다가 세심한 배려가 있어야만 비로소 실제 효과를 거둘 수 있다."

첩보 활동은 아주 중요한 일이다. 만약 어설프게 대처하면 돌이킬 수 없는 사태를 초래할 수 있다는 점을 명심한다.

뛰어난 지혜와 인격을 가진 자를 첩자로 기용해야 큰 성공을 거둘 수 있다. 하지만, 어설프게 대처하면 문제가 될 수 있으니 주의한다.

옮긴이 **김양희**

도쿄대학대학원 농업생명과학과에서 석·박사 과정을 마쳤다. 현재 출판번역에이 전시 글로하나에서 일본어 전문 번역가로 활동하고 있다. 역서로는 〈임정학강의〉 (공역), 〈기묘한 꽃 이야기〉, 〈기묘한 무덤 이야기〉(이상 전자책 공역) 등이 있다.

오십부터는 왜 논어와 손자병법을 함께 알아야 하는가

1판 1쇄 발행 2023년 10월 25일
1판 3쇄 발행 2024년 1월 20일

지은이 모리야 히로시
발행인 김태웅
기획편집 이미순, 유효주
표지디자인 김윤남   **본문디자인** 호우인
마케팅 총괄 김철영   **마케팅** 서재욱, 오승수
온라인 마케팅 하유진   **인터넷 관리** 김상규
제작 현대순   **총무** 윤선미, 안서현, 지이슬
관리 김훈희, 이국희, 김승훈, 최국호

발행처 ㈜동양북스
등록 제2014-000055호
주소 서울시 마포구 동교로22길 14(04030)
구입 문의 (02)337-1737 **팩스** (02)334-6624
내용 문의 (02)337-1763 **이메일** dymg98@naver.com

ISBN 979-11-5768-962-0 03140